Dustin Dehez · Kalter Kaffee in Tiflis

Dustin Dehez

KALTER KAFFEE IN TIFLIS

Absurde Geschichten
eines deutschen Gesandten

btb

Verlagsgruppe Random House FSC® N001967
Das für dieses Buch verwendete FSC®-zertifizierte Papier
Super Snowbright liefert Hellefoss AS, Hokksund, Norwegen.

1. Auflage
Copyright © 2013 by btb Verlag
in der Verlagsgruppe Random House GmbH, München
Satz: Uhl + Massopust, Aalen
Druck und Einband: GGP Media GmbH, Pößneck
Printed in Germany
ISBN 978-3-442-75408-3

www.btb-verlag.de

Meiner Familie und Sarah Elizabeth Kreps,
die schon wissen wird, warum.

Inhalt

Vorwort
Bremen, 2013

Das erste Mal kam mir die Idee zu diesem Buch auf einer
Konferenz der NATO, des Slowakischen Außenministeriums und des Viségrad-Funds in Bratislava im Spätsommer
des Jahres 2008, zu der ich als einziger Deutscher eingeladen
und dann auch noch gekommen war. Im Laufe des zweiten
Konferenztages fanden sich die damaligen Außenminister
Polens und der Slowakei zu einer Podiumsdiskussion zusammen, um in nebulös gehaltenen Allgemeinplätzen ihr Vertrauen in die transatlantische Allianz zu bekunden. Während
der slowakische Außenminister müde und völlig ausdruckslos
das wohl langweiligste Einleitungsstatement aller Zeiten ver-
las, erklang urplötzlich die klassische James Bond-Melodie.
Noch während ich mich ungeschickt im Stuhl wand, um herauszubekommen, woher diese nun kam, griff der polnische
Außenminister Radoslaw Sikorski in sein Jackett, holte sein
Mobiltelefon heraus und drückte ungeniert darauf herum,
während es munter weiterklingelte. Sikorski sah ohnehin immer aus, als hätte er im letzten James Bond den Bösewicht gespielt: Er hatte eine gewisse Ähnlichkeit mit Mads Mikkelsen –
und einen ganz fabelhaften Humor. Seine platte Nase, das
blasse Gesicht und die stets ungeschickt in die Stirn fallende
Tolle ließen ihn wie einen schlecht getarnten KGB-Agenten an

den Rändern des Warschauer Paktes aussehen. Der Wahl seiner persönlichen Accessoires treu folgend, wies er in seinen einführenden Worten mit Nachdruck darauf hin, dass Polen nicht vorhabe, Deutschland zu besetzen, zumindest nicht so bald. Nicht dass das nicht ginge, Polen hätte an jedem Freitagnachmittag gute Chancen gehabt, wenn deutsche Soldaten in aller Regel die Intercitys zwischen Porta Westfalica und Görlitz verstopften. Ich hatte also allen Grund zur Erleichterung. Aber wie er da auf seinem Mobiltelefon herumdrückte, entschied ich in stiller Eitelkeit, dass all diese Anekdoten nicht länger verlorengehen sollten. Es sind schließlich diese Dinge, die ich nie in Konferenzberichte schreiben durfte, die mir aber beim abendlichen Nacherzählen die Aufmerksamkeit einer schon viel zu lange nur entfernt Angebeteten brachten. Ich musste also dringend damit beginnen, alles aufzuschreiben und über meine vergeblich angeführten Beweise für Liebe und Leidenschaft Buch zu führen.

Auf den meisten Reisen, die mich schließlich zum Schreiben dieses Buches verführt haben, war ich sozusagen teilnehmender Beobachter. Wer mit dem Begriff der teilnehmenden Beobachtung nichts anfangen kann, hat vermutlich nie Malinowski und/oder Ethnologie studiert, dafür aber mit großer Wahrscheinlichkeit seinen gesunden Menschenverstand bewahrt. Das Konzept besagt eigentlich nichts weiter, als dass der Ethnologe sich nicht in die Angelegenheiten und Vorgänge einer Gemeinschaft einmischen soll, die er zu beobachten, verstehen und anschließend zu beschreiben versucht. In der Regel, so nahm ich an, hieß das, dass sich die Ethnologen und Anthropologen, die den Hühnerkampf auf Bali, die Kinderheirat in Süd-Waziristan oder norwegische Fischer bei der Schnapsbrennerei beobachteten, sich vor lauter Ereignis-

10

losigkeit ausgiebig betrinken. So habe ich das, wie dem Leser sicher nicht entgehen wird, auch gehandhabt.

Tatsächlich habe ich die Hoffnung, dass dieses Buch mehr ist als nur eine lose Sammlung von persönlichen Anekdoten, sondern dem Leser einen Eindruck von dem vermittelt, was sich außerhalb der für die Tagesschau und Günther Jauch zurechtgeschnittenen Welt abspielt. Mit anderen Worten: den Leser mit dem vertraut zu machen, was sonst auf dem Globus geschieht und dabei jene Stereotypen zu vermeiden, die die deutschen Medien so gerne prägen. Dabei entführt das Buch den Leser an Plätze, die im Merian nicht unbedingt als besonders einladende, vergnügliche Erholungsorte angepriesen werden, die in keinem Lonely Planet Beschreibung finden, in denen dennoch Abenteuer erlebt werden und phantastische Bekanntschaften geschlossen werden können und die in den Nachrichten eigentlich einen Platz haben müssten, der ihnen aber aus unerfindlichen Gründen verweigert wird. Meist weil den Nachrichtenmachern andere, wichtigere Dinge dazwischenkommen, etwa weil ein belangloses Kloster in Hitzacker eine neue Flutmauer erhalten hat, in Cannstatt ein beliebiges Treffen irgendeiner Nischenpartei stattfand oder weil die öffentlich-rechtlichen Sender Katharina Witt davon überzeugen konnten, einem zweitklassigen Laiendarsteller irgendeinen ausgedachten Fernsehpreis anzudrehen und sich daher gezwungen sehen, eine ganze Ewigkeit über sich selbst zu berichten. Ich will nicht unerwähnt lassen, dass ich bereit bin, für die Erfüllung des Sendeauftrags angemessene Wiedergutmachung der öffentlich-rechtlichen Sender entgegenzunehmen. Ob es gelungen ist, dem Leser den Rest der Welt ein Stück näherzubringen, darf ich zum Glück nicht selbst entscheiden. Wie bei einem Buch über die schönen Seiten der Welt üblich, kommt es nicht ganz ohne Quellen aus. Alle Übersetzungen stammen aus dem Englischen und sind, sofern nicht anders gekennzeichnet, vom Autor selbst vorgenommen worden.

Ein guter Autor ist zuerst ein guter Leser und so dürfen all die intellektuellen Anregungen, die mich zu Stil und Unfug in diesem Buch verleitet haben, nicht ungenannt bleiben: Die wunderbaren Reiseberichte P.J. O'Rourkes, die Reportagen von Christopher Hitchens und die Romane so wunderbarer Autoren wie Mohammed Hanif, Evelyn Waugh, Stuart Stevens, Graham Greene, Hunter S. Thompson, P.G. Wodehouse und vielen anderen. Hier und da habe ich einen Namen verändert, nicht etwa aus naheliegender oder einer durch den einen oder anderen Abend an der Bar hervorgerufene Vergesslichkeit, sondern um Gesprächspartner vor möglichen Repressalien des Staates oder Lebenspartners zu schützen, nicht immer in dieser Reihenfolge.

Kalter Kaffee in Tiflis

Georgien, Februar 2009

Auf irgendeinem Pfad musste mein Name an Katja gelangt sein, die das Auslandsbüro einer deutschen politischen Stiftung in Tiflis leitete, und die mich nun für ein paar Tage in die georgische Hauptstadt und nach Gudauri, einen beliebten, aber in Europa doch weitgehend unbekannten Wintersportort, eingeladen hatte. Dort sollte ich nun einer Winterschule für georgische Studenten und Nachwuchsdiplomaten zweifelhaften Glanz verleihen, etwas zur NATO und den Sicherheitsproblemen der Region aus alliierter Perspektive erzählen. Ich nehme solche Einladungen furchtbar gerne an und sage dafür bereitwillig alles andere ab. Lasse, mit den Worten meiner Eltern, alles stehen und liegen. Auch sonst erinnert vieles an meine Jugend. Schon der Flug nach Tiflis gleicht mehr einer Klassenfahrt. Waren auf dem Flug von Frankfurt nach Istanbul noch alle Passagiere artig auf ihre Plätze zurückgekehrt, als das Anschnallzeichen über den Sitzen aufleuchtete, geschieht auf dem Flug nach Tiflis das exakte Gegenteil. Kaum blinkt das Anschnallzeichen einladend, stehen um mich herum alle möglichen Georgier auf, rennen durch das Flugzeug zur Toilette, rufen nach der Stewardess, holen umständlich irgendetwas aus dem Gepäckfach oder führen irgendwelche, offensichtlich richtungslosen Unterhaltungen mit Bekannten drei Reihen hinter mir. Einer der Nachteile, wenn man in ein Land mit gerade mal vier Millionen Einwohnern fliegt, ist, dass jeder jeden über wirklich jede Ecke kennt. Ein gemeinsamer Flug muss hier in etwa so viel Gesprächsbedarf schaffen wie andernorts eine Wahlparty oder ein Kriegsausbruch. Dieses Spektakel dauert ungefähr zehn Minuten, dann kehrt vorübergehende Ruhe ein, einzig vereinzelte Handyanrufe unterbrechen die letzte Minute des Landeanfluges, vermutlich teilen einige Georgier ihrer Familie den bevorstehenden Absturz der Maschine mit oder berichten von einer überfälligen, aber leider desaströs endenden Familienzusammenführung. So genau kann ich das nicht sagen, denn das Georgische ist eine recht blumige Sprache. Die Einzigen, die den georgischen Flugzirkus gelassen hinnehmen, sind die Stewardessen und ein halbes Dutzend gelangweilter UN-Soldaten, die auf dem Weg zur UN-Mission (UNOMIG) in Georgien sind.

Zu meiner Überraschung setzt die Maschine dann um drei Uhr nachts recht ruhig auf der Landebahn in Tiflis auf und rutscht nicht etwa über einen Acker zwischen Gori und irgendeinem Dorf in den ossetischen Bergen, von wo aus Rettungsmannschaften Wochen gebraucht hätten, um überhaupt zur Unglücksstelle zu gelangen. Das Flugzeug rollt an alten Mi-8-Helikoptern vorbei zum Terminal, nimmt ein paar Schlaglöcher, macht einen kurzen Satz und kommt mit einem Ruck zum Stehen. Im Terminal angelangt, gehe ich erstmal auf die Toilette, denn bevor mein Koffer ankommt, schießen aus unerfindlichen Gründen unzählige Absperrstangen und einige hundert Metallkisten der UN-Soldaten auf das Gepäckband. Kurz nach mir düst auch gleich ein Dutzend Georgier zur Toilette, nicht etwa um mir Gesellschaft zu leisten, sondern nur um zu rauchen. Ein Blick in den Papierkorb offenbart, dass es sich dabei wohl um einen jüngeren georgischen Brauch handeln muss, der in den Terminals georgischer Flughäfen weite Verbreitung gefunden hat. Die georgische Regierung hatte am Flughafen ein Experiment gestartet, den Rauchern das Rauchen madig zu machen, ein Versuch, der überall sonst im Land zum Scheitern verurteilt gewesen wäre und vermutlich nur den ersten Eindruck der Europäer von Georgien geraderücken sollte – es handelte sich also um eine Art Pilotprojekt. Überhaupt rauchen die Georgier bei jeder Gelegenheit, und das sehr ausgiebig. Die Passkontrolle, für mich immer eine gewisse Hürde, weil Grenzbeamte meinen Pass aus mir schleierhaften Gründen – vermutlich irritiert sie mein Name – immer extrem lange und ungläubig in ihren Händen drehen, ermöglicht einen ersten Einblick in die politischen Probleme, oder in der Terminologie der Europäischen Union, Herausforderungen des Landes. Ein mit schlechtem Wörterbuch angefertigter Zettel weist mich darauf hin, dass Georgien ein »Land ohne Korruption« sei und dass der Versuch, Beamte zu bestechen, mit bis zu sieben Jahren Haft geahndet werde. Ich bin mir nicht sicher, ob es sich bei diesem zarten Hinweis um die staatliche Sorge um den Ruf des Landes handelt, oder ob die offizielle Mitteilung mehr als subtiler Hinweis auf die sozialen Probleme der georgischen Staatsbeamten zu verstehen ist und ich nochmal schnell Bargeld am Automaten holen sollte.

Endlich kann auch ich meinen Koffer einsammeln und begebe mich auf die Suche nach Giorgi, der mich vom Flughafen abholen und zu meinem Hotel fahren soll. Kaum gefunden, erklärt mir Giorgi, warum die Regierung es für nötig hält, Reisende auf die wohl erst kürzlich gewonnene Korruptionsfreiheit des Landes hinzuweisen. Während wir auf der Hauptstraße vom Flughafen, vorbei am neuen Innen- und dem georgischen Gas- und Ölministerium, in die Stadt fahren, erzählt er mir, dass diese Korruptionsfreiheit wohl ein georgisches Alleinstellungsmerkmal im Südkaukasus ist und dass viele Armenier, die das Land zuhauf bereisten, aus gewisser armenischer Gewohnheit heraus, Polizeibeamten mit den geforderten Papieren unaufgefordert auch gleich eine nicht weiter nennenswerte, finanzielle Aufmerksamkeit aushändigten. Nun würden einige hundert rechtschaffene Armenier in georgischen Gefängnissen sitzen und Anklagen wegen versuchter Bestechung erwarten. Giorgi erzählt mir auch, dass er selbst gerne Gio genannt werde, denn überhaupt würden alle georgischen Vornamen auf o enden. Sollten aber unberechenbare Kräfte, vermutlich Eltern, einmal dafür gesorgt haben, dass ein Name nicht auf o endete, wie etwa bei Giorgi, kürzten die Georgier den Namen so ab, dass am Ende doch wieder ein o stünde. Streng der Regel folgend und als Ausdruck einer kreativen Meisterleistung, nannten die Georgier Giorgi also Gio. Gio hatte in Saarbrücken Deutsch gelernt und musste sich nun von einem deutschen Besucher in Georgien sagen lassen, dass Saarbrücken die dritthässlichste Stadt der Welt sei, nach Ulan Bator und Bischkek. Ich nehme an, dass er ebendeshalb nach Tiflis zurückgekehrt war.

Seit einigen Jahren versucht Georgien in die NATO zu gelangen. Die NATO ihrerseits erschwert Georgien seit ebenso vielen Jahren den Beitritt, indem die Allianz angestrengt auf die Provinzen Südossetien und Abchasien verweist. Moskau wiederum will den Beitritt mit demselben Hinweis ein für allemal verhindern. Übrigens ist Nato auch ein georgischer Mädchenname, genaugenommen eine Abkürzung für Natalya,

und da Georgien im Großen und Ganzen doch eine patriar-
chalische Gesellschaft ist, kursieren allerhand Witze darüber,
wie man wohl am besten in die Nato hineinkomme. Im August 2008 hatte es Georgien in die Nachrichten aller Welt geschafft, als es sich zu einer militärischen Auseinandersetzung
mit seinem geringfügig größeren nördlichen Nachbarn Russland genötigt sah. 1991/92 hatte das Land mit dem Zusammenbruch der Sowjetunion nicht nur die Unabhängigkeit
erreicht, sondern auch einen kurzen, verschwurbelten Bürgerkrieg. In Georgien hatte dieselbe Krankheit Fuß gefasst,
die zeitgleich aus Jugoslawien eine von einem mittelalterli-
chen Bürgerkrieg verwüstete Mondlandschaft gemacht hatte;
die Vorstellung nämlich, dass jedes Häuflein Menschen, das
sich in irgendeiner Form von anderen unterschied – Länge der
Bartstoppeln, Religion, Gestaltung der Vornamen oder was
auch immer – oder sich auch gar nicht von den anderen ab-
hob, jedoch vom Rest der Menschheit durch einen Bergkamm
oder eine Hügelkette getrennt lebte, irgendwie eine Nation sei
und deshalb Anspruch auf einen eigenen Staat habe. Die Vorstellung, einen gemeinsamen, besseren zu schaffen, war schon
auf dem Balkan aus unerfindlichen Gründen nicht mehrheits-
fähig gewesen, und in Georgien war dieser Gedanke nur unter
jenen populär, die sich tatsächlich für Georgier hielten. Allerdings gab es sehr unterschiedliche Vorstellungen von dem
zu schaffenden Staat, und nicht wenige fragten, ob man denn
nun so ganz unbedingt überhaupt einen schaffen müsse. Diejenigen nahmen wohl an, es ginge eh am besten ohne irgendeinen staatlichen – wie es in der Entwicklungszusammenarbeit so schön heißt – Ordnungsrahmen. Das war erstaunlich,
sonst geht es in der Entwicklungszusammenarbeit nämlich in
erster Linie um den geregelten Mittelabfluss. In Georgien waren es die Abchasen und Südosseten, die den Verbleib inner-

halb Georgiens ablehnten und jeweils eigene Staaten gründen wollten, die in Einwohnerzahl und Fläche nur Luxemburg Konkurrenz machen konnten und deren Überlebensfähigkeit von westlichen Analysten mit ungewohnt vernünftigen Argumenten bezweifelt wurde (vor allem Größe und Lage werden dabei umstandsreich angeführt), wenn sie nicht großspurig Briefkastenfirmen und Drogenschmuggel ins Feld führten. Die internationale Gemeinschaft machte dann das, was Familien mit derlei Problemen am besten tun: Sie versuchte es unter den Teppich zu kehren und bereicherte die Welt um den Begriff des »eingefrorenen Konflikts«, ein Terminus, dessen Bedeutung und dessen unausweichliche Konsequenzen den meisten Menschen aus ihrer Ehe bekannt sind. Abchasen und Südosseten blieben in Abchasien und Südossetien und machten, was sie sonst auch machten, und Georgien blieb Georgien und durfte Abchasien und Südossetien zu seinen Staatsgebieten zählen, nur dass die Georgier dort nicht hineindurften. Das wäre auch schwierig gewesen, denn auf diesen Territorien standen sich eine russisch geführte und eine UN-Friedenstruppe (die UNOMIG) gegenseitig auf den Füßen herum, die gemeinsam darauf achteten, dass alles so blieb wie es war. All das kostete die internationale Gemeinschaft zwar eine Menge Geld, erlaubte es ihr aber, sich nicht weiter um den Konflikt kümmern zu müssen, während sie offiziell geduldig auf eine, wie auch immer geartete, Konfliktlösungsreife wartete – eine Strategie also, die schon in der Serie Beverly Hills 90210 aus dramaturgischen Gründen scheitern musste und bei Parker Lewis Lebens- bzw. Filmkonzept war. Die meisten Familien finden charakterlich ähnlich geartete Lösungen durch das rechtzeitige Einschalten von Internaten, Hospizen oder Wohnstiften.

Die georgische Antwort auf Parker Lewis, den Coolen von der Schule, war Michael Saakaschwili, der Hitzkopf von Tiflis. Er brachte das Land nach dem Sturz Eduard Schewardnazes auf einen westlichen Kurs und begann eine ungewohnt erfolgreiche Modernisierung. Vielversprechend war sie schon allein deshalb, weil es nicht nur bei der Ankündigung blieb. Zu dieser Modernisierung zählte auch das Ansinnen, Georgien in die NATO zu führen, was aber den Russen nicht in den Kram passte. Russland hatte im Laufe der 1990er Jahre den rapiden Verfall seiner Macht ohnmächtig mitansehen müssen und es zu Beginn des neuen Jahrhunderts dank massiver Öl- und Gasverkäufe geschafft, wieder zu einer gewissen Stärke zurückzufinden, und begann nun ordentlich gegen den Westen und besonders die Vereinigten Staaten anzustänkern. Für Russland waren Südossetien und Abchasien plötzlich willkommene Mittel, um Georgien aus der NATO herauszuhalten. Im Laufe des Jahres 2008 hatte sich die Lage zwischen Russland und Georgien dramatisch zugespitzt, immer wieder hatte es Scharmützel zwischen den vermeintlichen russischen Friedenstruppen und georgischen Soldaten gegeben, bis sie schließlich am 7. August direkt aneinandergerieten. Schon im Februar 2008 hatten Russland und Abchasien gemeinsam überlegt, was zu tun sei, wenn der Westen den Kosovo als Staat anerkennen würde. Das war eine besonders verworrene Umschreibung für das Ansinnen, es dem Westen gleichzutun und ebenfalls so gar nicht lebensfähige Staaten zu schaffen. Moskau unterstrich damit auch eine ganz besondere Reife im Umgang mit dem Rest der Welt. Im März erklärte Russland, dessen sogenannte Friedenstruppe in Südossetien und Abchasien immerhin auf ein Mandat der ansonsten vollkommen unbedeutend gewordenen Gemeinschaft Unabhängiger Staaten (GUS) angewiesen war, dass es sich nicht länger an die

Vereinbarungen zur »Konfliktregulierung in Abchasien (Georgien)« der GUS aus dem Jahr 1996 halten würde, und im Mai folgte schließlich der Befehl an die russischen Truppen, ohne Rücksprache mit dem Kreml, alle nötigen militärischen Mittel einzusetzen – wofür auch immer. Klar war da bereits, dass damit keine Solderhöhungen gemeint waren, zumindest keine regulären. Georgien ernannte zwischenzeitlich einen Minister für Reintegration, was wiederum Südosseten und Abchasen ordentlich auf die Palme trieb. Kurz, was in der Nacht vom 7. auf den 8. August in Südossetien genau geschah, wird niemand mehr rekonstruieren können, aber beide Seiten wollten diesen Krieg und hatten das Jahr 2008 mit der Vorbereitung für diesen Waffengang zugebracht. Georgien und Russland hatten dennoch überrascht, besorgt und empört ob des plötzlichen Ausbruchs der Feindseligkeiten reagiert und betont, dass es eine friedliche Einigung geben müsse, am besten sofort oder eben nach Abschluss der jeweils eigenen militärischen Operationen. Jetzt, nur wenige Monate später, kursierten überall die wildesten Theorien: Die erste war dezidiert georgischer Natur und lautete, dass es einen heimlichen Deal mit dem Kreml gegeben haben könnte, wonach Georgien Südossetien zurückholen dürfe, Abchasien dann aber vielleicht doch bei Russland bliebe. Russland habe sich dann einfach nicht an die Verabredung gehalten. Die russische Rechtfertigung sah so aus, dass, nachdem der Westen den Kosovo anerkannt habe, Südossetien und Abchasien ein ebensolches Recht auf Eigenständigkeit hätten, das hätten Volksabstimmungen so ergeben. Dabei wurde gerne und geflissentlich übergangen, dass es etwa in Abchasien durchaus mehr Georgier als Abchasen gab, die allerdings entweder Anfang der 1990er Jahre vertrieben wurden oder einfach nicht abstimmen durften. Eigentlich tat sich Russland mit der Anerkennung ohnehin keinen Gefallen: In Südrussland, an der Grenze zu Georgien, lebten die Nordosseten, und die träumten von einem ossetischen Riesenreich und der Vereinigung mit den Südosseten und vermutlich allen anderen Osseten auf dem ganzen Globus. Die westliche Theorie wiederum besagte, Russland wolle nicht nur Georgien aus der NATO heraushalten, sondern auch ein Monopol auf die Gasversorgung Europas. Deshalb dürfe es aus russischer Sicht auf keinen Fall zum Bau der sogenannten Nabucco-Pipeline kommen, die eines Tages aserbaidschanisches und, zu allem Übel, vielleicht auch noch turkmenisches Gas nach Südeuropa führen könnte. Nabucco wäre die einzige Pipeline, die nicht durch Russland verliefe und damit das russische Gasversorgungsmonopol durchbrechen könnte, und da sei es doch kein Zufall, dass die Pipeline eben auch durch Georgien verlaufen solle. Der Krieg, so die Theorie, hätte Russland auch dazu gedient, Investoren für die Nabucco-Pipeline abzuschrecken und das russische Gegenprojekt zu unterstützen. Kaukasische Politik ist aber meist so geartet, das war mir jetzt klar, dass wohl alle Theorien irgendwie stimmten.

Während ich im Februar 2009 nachts mit Gio durch Tiflis fahre, ist so gut wie nichts mehr von dem Krieg zu erkennen. Tiflis liegt in einem Tal, der Fernsehturm ist beleuchtet, ebenso wie der kitschige neue Abflugterminal für die Regierung Georgiens. Nichts deutet noch darauf hin, dass russische Panzer nur ein halbes Jahr zuvor bis an die Stadtgrenze gerollt waren. Gio berichtet, dass die Beleuchtung auch während des Krieges mit Russland nicht abgeschaltet worden sei. In der Zeit Eduard Schewardnazes hatte es immer wieder Engpässe in der Stromversorgung gegeben, da sei es nur natürlich, dass man das Licht nicht einfach wieder ausschalte, nur weil ein paar russische MIGs sich auf die Suche nach einer Radarstation nahe Tiflis begeben. Meinen Einwand, dass der Fernsehturm ein ebenso verlockendes Ziel sei, wischt er mit einer Handbewegung weg. Während wir durch die Stadt zum Hotel fahren, fällt mir auf, dass die Straßen fast menschenleer sind. Vielleicht ist an der Reisewarnung des Auswärtigen Amtes doch etwas dran: Das hatte vor nächtlichen Entführungen auf offener Straße und Raubüberfällen gewarnt und überhaupt von unnötigen Reisen ins Land abgeraten. Mir erscheint meine Reise in etwa so dringlich, wie einer dieser Spaziergänge, zu denen mich meine Eltern zwangen, als ich zwölf war und Oma zu Besuch kam, aber das behielt ich einstweilen für mich. Als handle es sich um eine Szene eines absurden Ingmar-Bergmann-Films, fahren einzig ein paar Streifenwagen langsam durch die Nacht, deren Blaulicht angeschaltet bleibt und kleine Lichtkegel das Signal von Ordnung und Korruptionsfreiheit an die Fassaden der Hauptstadt werfen. In Georgien fällt es den Streifenpolizisten zu, aus jeder Reise einen surrealen Trip zu machen. Die Warnung des Auswärtigen Amts war wohl eher ein Produkt des deutschen Amtsschimmels als der georgischen Verhältnisse. Vielleicht ist die ständige Beleuchtung von allem und jedem aber auch Teil des georgischen Programms, möglichst viel Energie zu verschwenden. Das scheint überhaupt eine georgische Obsession zu sein: Ständig passieren wir Häuser, auf denen riesige bunte Sterne leuchten und blinken. Ich hatte schon länger vor, einmal den Entwicklungsstand von Staaten nach dem im Lande verbreiteten Kitsch zu beurteilen. Nordkorea etwa würde dabei extrem schlecht abschneiden, schließlich herrscht dort ein staatlich verordneter Pastellfarben-Kitsch. England würde wegen der verbreiteten, gesetzten Herbstfarben recht weit vorn liegen, anderseits legt die britische Angewohnheit, in jedem Raum metertiefen Teppich zu verlegen, dem Land eine schwere Bürde auf. Georgien würde einen guten Mittelplatz einnehmen, und Michael Saakaschwili würde das Seine dafür tun: Im Land wird er gelegentlich Mischa, Brunnenbauer der Erste, genannt, obwohl er äußerlich eher wie eine Mischung aus Peter Alexander und Berlins Bürgermeister Klaus Wowereit daherkommt. In ganz Tiflis stehen Springbrunnen, die aber im Februar, vermutlich auch über den Rest des Jahres, keinerlei Wasser führen, dafür aber das Bemühen Saakaschwilis ausdrücken, »der Bevölkerung den öffentlichen Raum wiederzugeben«, wie Gio es umständlich und bemüht europäisch ausdrückt. Und warum in Saakaschwilis Fall die Regel aufgehoben wurde, nach der alle Namen auf o enden müssten, frage ich erst gar nicht.

Am folgenden Morgen besuche ich das Büro der Stiftung, wo ich mit allen Mitarbeitern gemeinsam mittagesse. Es gibt etwas, das wie eine georgische Interpretation von Pizza wirkt. Gio fragt mich, ob ich einen Kaffee möchte, und hält mir triumphierend eine Dose Jacobs-Instantkaffee entgegen und ruft mir dabei aufmunternd zu: »Jacobs!« Da wusste ich noch nicht, dass Instantkaffee in Georgien offenbar mit dem Ruf belegt ist, gleichzeitig modern und auch noch europäisch zu sein. Jackpot also. Deshalb rauchen die Georgier immerzu und trinken dazu wie verrückt Instantkaffee. Wir wandern auf die Dachterrasse, von der aus man einen wunderbaren Blick über Tiflis hat: Die einzige Glaskuppel, die sich über der Hauptstadt erhebt, ist die des neuen Präsidentenpalastes von Mischa Saakaschwili. Gleichzeitig wird mir schlagartig klar, dass alle Städte ihren eigenen Geruch haben: Dresden zum Beispiel riecht im Winter stark nach Rosenkohl, im Prinzip also ekelhaft. Tiflis hingegen riecht nach Holzkohle, gemischt mit Weihrauch.

Also hinnehmbar. Gio berichtet inzwischen enthusiastisch von den Modernisierungsbemühungen der georgischen Regierung und deren ersten Erfolgen, die bereits zu erkennen seien. Auch die Straße vor dem Büro der Stiftung müsse bald repariert werden, was ich für eine Untertreibung halte: Überhaupt eine Straße zu bauen wäre schon ein guter Anfang. Nach dem zweiten Instantkaffee laufen wir zur Metrostation, an der allerdings nur Taxen und Kleinbusse zu fahren scheinen. Dort nehmen wir einen Kleinbus in Richtung Gudauri, dem Wintersportort in der Nähe der südossetischen Grenze. Die Fahrt in dem Bus gleicht einer Schlittenfahrt: Nach kaukasischem Brauch hatten wir auf das Anschnallen verzichtet, und je weiter wir in die Berge kommen, desto klarer wird mir, dass der Wechsel von Sommer- auf Winterreifen vielleicht nicht überall so verbreitet ist wie in Westeuropa. Der Fahrer lenkt den VW-Bus streng nach Ideallinie, nur gelegentlich bricht die Hinterachse kurz aus. Hin und wieder muss er abrupt bremsen, etwa wenn Kühe auf der Straße stehen, Gegenverkehr aus dem Nichts auftaucht, mit großen kyrillischen Buchstaben beschriftete LKWs auf der Straße abgestellt wurden oder sich eine Brücke zeigt, die mit losen Stahlplatten belegt ist, dabei eine hunderte Meter tiefe Schlucht überwindet und deren ausgiebige Teerung auf einen günstigeren Zeitpunkt vertagt worden war. Bei den höheren Serpentinen fehlen die Leitplanken, und es kommt mir plötzlich so vor, als wäre ich Teil einer Weltspiegel-Reportage über irgendwelche Todespässe in Zentralasien, an denen regelmäßig Busse und selbst erfahrene Lastwagenfahrer tausende Meter in den von Regierungsseite leicht vermeidbaren Tod stürzten.

Das Hotel in Gudauri gilt als erste Adresse des georgischen Wintersports, verströmt allerdings den Charme einer rustikalen, norddeutschen Autobahn-Raststätte. Alles sieht aus wie auf der Raststätte Tecklenburger Land im Jahr 1985. Georgier, auch das wird mir schnell klar, die zu Geld gekommen sind, kaufen sich einen Geländewagen, schnallen ganzjährig die Skiausrüstung auf das Dach und fahren zumindest einmal im Jahr nach Gudauri, wo sie sich dann in ihre Skiausrüstung werfen und den Rest des Tages in der Hotellobby herumhängen, rauchen und auf den Instantkaffee am Nachmittag warten. Das ist nur zu verständlich, denn die größte Attraktion Gudauris ist dem Krieg mit Russland zum Opfer gefallen. Früher war Gudauri für das sogenannte Heli-Skiing bekannt. Eine alte Mi-8 flog die Skifahrer auf die gegenüberliegende Seite des Tales, wo die wahnsinnigen Sportliebhaber aus dem Helikopter ausstiegen und ins Tal hinabbrausen konnten. Nun beginnt auf der anderen Seite des Bergkamms des gegenüberliegenden Tales Südossetien, und dort hatten die Russen Flugabwehrkanonen aufgestellt, und Flüge mit einer Mi-8 erschienen daher wenig ratsam. Stattdessen werden in Gudauri nun vermehrt politische Treffen abgehalten, und an diesem Wochenende, an dem ich junge Akademiker und Nachwuchsdiplomaten mit der nordatlantischen Allianz und der Sicherheitspolitik der Europäischen Union vertraut machen soll, sind außer uns noch die christlichen Demokraten Georgiens, die angeblich Georgiens einzig ernstzunehmende Oppositionspartei bilden, in dem Hotel abgestiegen. Als müssten sie ihre Ernsthaftigkeit beweisen, weisen sie mit Nachdruck darauf hin, dass sie bei Wahlen irgendetwas um die zehn Prozent erreichen. Die christlichen Demokraten tragen alle Norweger-Pullover, haben kleine aber beschauliche Bäuche, trinken Instantkaffee und rauchen viel. Gleichzeitig bereiten sie wohl irgendwelche Gesetzesmaßnahmen vor. Hin und wieder taucht auch eine amerikanische Entwicklungshelferin in der Lobby auf, die einen etwas schroffen Susan-Sontag-Charme versprüht, die christlichen Demokraten offenbar in die parlamentarische Oppositionsarbeit einführen soll und nun am Telefon von ebendiesen christlichen Demokraten berichtet, die Gelegenheit aber vor allem nutzt, eine Zigarette zu rauchen, Instantkaffee zu trinken und ihrem Chef enthusiastisch ins Telefon zu rufen:»Die haben die richtigen Ideen.« Präziser wird sie nicht, mein Eindruck ist aber auch, dass am anderen Ende der Leitung niemand genauer nachfragt.

Kaum hatte ich meinen Auftrag erfüllt und die georgischen Akademiker mit NATO und europäischer Union bekannt gemacht, juckte es mich auch schon wieder in den Fingern, wieder Praktisches zu unternehmen. Deshalb machen wir uns in aller Frühe auf, um die Beobachtermission der Europäischen Union, die European Union Monitoring Mission (EUMM), zu besuchen. Während des Krieges zwischen Georgien und Russland hatte Frankreich die EU-Ratspräsidentschaft inne, und Nicolas Sarkozy, der französische Präsident, der zwar von kleiner Statur war, dafür aber ein großes, narzisstisches Ego sein Eigen nannte, mit dem er sowohl Carla Bruni als auch Yasmina Reza um den Verstand gebracht hatte (und das war doch mal etwas, was selbst mir imponierte), war ihr Vorsitzender. Er flog mit Ausbruch des russisch-georgischen Krieges zwischen Tiflis und Moskau hin und her und wollte unbedingt vermitteln, selbst als das weder Russen noch Georgier wollten – die waren zunächst nämlich nur entsetzt und wenig verhandlungsbereit. Nachdem Russland realisierte, dass es einen gewaltsamen Regierungswechsel in Georgien nicht würde erzwingen können, gelang es Sarkozy aber, trotzdem zu vermitteln. Der wenige Tage nach Ausbruch der Kriegshandlungen von Sarkozy für die Europäische Union ausgehandelte Sechs-Punkte-Plan sah einen sofortigen Waffenstillstand, die Einstellung der Feindseligkeiten, den Rückzug der russischen Truppen aus Georgien (nicht unbedingt aus Südossetien und Abchasien) und überhaupt einen Dialog zwischen den Konfliktparteien um den endgültigen Status der Regionen Südossetien und Abchasien vor. Natürlich hat es diesen Dialog nie gegeben, denn Russland hatte es vorgezogen, Abchasien und Südossetien völkerrechtlich anzuerkennen, und auch der Rückzug der russischen Truppen aus Georgien ist nicht vollständig vollzogen worden. Noch im März 2009 stehen russische Truppen nicht nur in Südossetien, sondern auch noch in dem einen oder anderen Zipfel Georgiens herum, vermutlich, weil es in Südossetien selber zu eng geworden war, denn da patrouillierten ja immer noch hilflose UN-Soldaten. Auf die Nicht-Einhaltung des Vertrages angesprochen, behauptete der Kreml, die Bedingungen hätten sich irgendwie verändert. Und eine Weile später erkannte Russland Südossetien und Abchasien als eigene Staaten an. Problematisch war nur, dass Sarkozy ausgehandelt hatte, dass die Umsetzung des Sechs-Punkte-Plans von der Europäischen Union überwacht werden sollte. Seither befinden sich knapp dreihundertvierzig EU-Beobachter im Land, von denen zweihundert zwar den russischen Rückzug beobachten sollen, die aber von den Russen nicht nach Südossetien oder Abchasien gelassen werden und die auf georgischer Seite nichts weiter als spazierenfahren können. Eigentlich braucht es auch keine zweihundert aktiven Beobachter, um in der Nähe von Südossetien und Abchasien spazieren zu fahren, denn so groß ist das hier alles ja nicht, aber die Europäische Union hat sich vorgenommen, der Mission Bedeutung zu verleihen, und deshalb müssen auf jeden Fall mehr Beobachter von der EU entsandt werden, als zuvor von der Organisation für Sicherheit und Zusammenarbeit in Europa (OSZE) gestellt worden waren.

Gemeinsam mit den Akademikern und Nachwuchsdiplomaten besteige ich wieder den Todesbus, der nun die Serpentinen herunterrast, dabei gelegentlich etwas wackelt und dessen Fahrer sich aus dem zwischenzeitlich auf der Fahrbahn gefrorenen Schneematsch nichts macht. Wir fahren in der Morgendämmerung in irgendein Tal, vorbei an Kiesgruben und verfallenen Kontrollstellen der ehemaligen Sowjetunion, immer auf der Suche nach dem Field Office der EU-Mission. Nach einigen Wendemanövern, Abkürzungen und Umwegen finden wir es schließlich am Ufer eines kleinen Baches, abgelegen an einem Wirtschaftsweg, in einer ganz besonders pittoresken Ortschaft. Unser Besuch beginnt mit einem Briefing, das wir, gebannt auf spektakuläre Neuigkeiten wartend, besonders aufmerksam verfolgen. Die Militärbeobachter der Europäischen Union berichten der Reihe nach von ihren Patrouillenfahrten am Vortag, von ungeräumten russischen Stellungen, und verlieren sich weit ausschweifend in endlos langweiligen Details. Die einzige Ausnahme bilden zwei rumänische Beobachter, die nur sagen, dass es absolut nichts zu berichten gebe. Akkurater lässt sich die Lage wohl nicht beschreiben. Ein untersetzter englischer Beobachter mit goldener Lesebrille erläutert in nicht weniger als fünfzehn Minuten eindringlich den Unterschied zwischen einer Umgehungs- und einer Ringstraße, dann werden die neuen Routen zugewiesen, auf denen die Beobachter erneut nach russischen Stellungen und Veränderungen schauen sollen. Vor dem Fenster stehen derweil zwei georgische Mitarbeiter, sie tragen Norweger, trinken Kaffee und rauchen. Der englische Beobachter meldet sich nun noch einmal zu Wort und weist seine nach Süden aufbrechenden Kollegen auf jene Gefahren hin, die sich ergeben können, wenn Umgehungs- und Ringstraße leichtfertig verwechselt werden. Unter Umständen seien Ringstraßen gar keine Ringstraßen, sondern Umgehungsstraßen. Dann gibt es Instantkaffee und eine Rauchpause. Ich raffe mich auf und frage die Mitglieder der Mission, ob sie den Eindruck haben, mit ihrer Arbeit irgendetwas auszurichten, und ob sie denken, dass die richtigen Informationen in Brüssel ankommen, und ob es denn überhaupt eine Rückmeldung aus Brüssel gibt. Der Pressebeamte der Europäischen Union erklärt daraufhin umständlich, warum die Beobachter nicht frustriert seien. So könne man dazu nun wirklich nichts sagen.

Anschließend fahren wir mit einer Patrouille in ein Flüchtlingslager für aus Südossetien vertriebene Georgier. Die Fahrt dauert zwanzig Minuten und führt auf die Autobahn, auf der wir wenige Stunden zuvor noch recht unbekümmert unterwegs gewesen waren. Nun fahren wir keine fünfzig Stundenkilometer in einem versetzt aufgestellten, gepanzerten EU-Konvoi, der aus blauen bulgarischen Humvees, schweren schwedischen Mercedes-Geländewagen und einem klapprigen georgischen Krankenwagen besteht. Natürlich wird die EU für so ein Auftreten von den Georgiern verspottet, angehupt, und selbst mir erscheint das, trotz meiner hypochondrischen Ader, wie eine Erinnerung an jene Zeiten, als meine Mutter mir wiederholt sagte, ich solle nicht in das Studentenviertel Bremens fahren, das sei nämlich ein Nachtjackenviertel. Außerdem habe ich noch die Reisewarnung des Auswärtigen Amtes im Kopf und denke mir, dass es kaum einladendere Entführungsopfer geben kann als Europäer in einem gekennzeichneten EU-Konvoi. Der Blick aus dem Fahrzeug gleicht eher dem eines amerikanischen Konvois in Afghanistan, nur dass es hier keine Taliban gibt, die am Straßenrand Bomben verbuddelt haben.

Das Flüchtlingslager liegt in Mkteshka, ein Name, der auf einen besorgniserregenden Mangel an Vokalen im Georgischen hindeutet. Das Lager soll nur vorübergehender Aufenthaltsort für die geflohenen georgischen Familien sein, die Regierung hatte dennoch feste Häuser mit Ziegeldächern errichtet, die zudem Strom und Wasseranschluss hatten und die sich, wie an einem Faden aufgezogen, bis zum Horizont erstrecken und bei mir einen verdächtigen Eindruck angestrebter Dauerhaftigkeit hinterlassen. In dem Flüchtlingslager offenbart sich der ganze Beobachter-Unsinn am deutlichsten, als eine Kollegin einen der EU-Mitarbeiter mit einer scheinbar einfachen Frage überfällt.

Kollegin (neugierig): »War die Vertreibung der Georgier aus Südossetien nicht eine ethnische Säuberung?«

Darauf der EU-Beobachter (überzeugt): »Nein, die sind ja freiwillig gegangen.«

Kollegin (irritiert): »Aber warum haben die freiwillig ihre Häuser und Heimat verlassen?«

Der EU-Beobachter (unbeirrt): »Na, wegen des militärischen Drucks der Russen.«

Musste man wirklich mehr über die Europäische Union wissen?

Einige Stunden bevor ich wieder abfliege, führen mich Gio und dessen bezaubernde Kollegin Dani durch Tiflis. Die Stadt wirkt lebendig, immer wieder überholen uns blinkende georgische Geldtransporter, die so aussehen wie Krankenwagen im Rest Europas. Andererseits hätten Bankräuber nicht halsbrecherischer fahren können. Gio und Dani führen mich in eine kleine und ganz klassische georgische Bäckerei. Im Boden eingelassen befindet sich der Ofen, der ansonsten aussieht wie eine große Bierflasche. Der rauchende Bäcker lädt mich nach einem kurzen Gespräch ein, den Ofen vom Ofenflaschenhals aus zu begutachten: Das Brot wird gegen die Innenwände des Bierflaschenofens geklatscht und später mit einem Haken wieder herausgeholt. Er erklärt auch noch, dass man dieser Arbeit nicht in angetrunkenem Zustand nachgehen solle, es bestünde sonst die Gefahr, in den Ofen zu stürzen und zu ersticken oder auch zu verbrennen. Er trinke daher, während er sein Tagewerk verrichte, lieber diesen modernen Kaffee, den es seit einigen Jahren gebe.

Auf dem Weg zum Flughafen bitte ich Gio noch um einen besonderen Gefallen. Vor dem Ausbruch des Krieges hatte der amerikanische Präsident George W. Bush das Land besucht, ein Aufenthalt, der in Erinnerung geblieben war, weil ihm, so die Medien, angeblich beim Bad in der Menge seine Rolex geklaut worden sei, beziehungsweise, so das Weiße Haus, er angeblich beim Bad in der Menge seine Rolex abgenommen habe. In jedem Fall hatte der Besuch des US-Präsidenten einen bleibenden Eindruck hinterlassen, und die Georgier benannten später ihm zu Ehren die große Straße von der Stadt zum Flughafen in die George-W.-Bush-Straße um. Ich überrede Gio dazu, ein Bild von mir vor dem Straßenschild zu machen. Aber als wir auf die Straße fahren, ist das Schild verschwunden, vier Neonröhren beleuchten nur noch ein großes Nichts. Überhaupt sieht es hier gar nicht mehr nach Kaukasus aus, sondern nach Bremen-Oslebshausen oder München-Neuperlach. Als ich Georgien schließlich verlasse, liegen in Gudauri noch mehrere Meter Schnee, am Flughafen wird unermüdlich geraucht. Überall werben plötzlich Nippesläden mit georgischem Kleinod, Wappen unbekannter Herkunft und bemalten Tellern. Irgendwer hatte noch gesagt, dass der Krieg mit Russland in die zweite Runde geht, sobald der Schnee geschmolzen sei. Im Februar brennt die Sonne bereits unerbittlich auf die Bergkämme um Südossetien und der Schnee auf den Dächern des Hotels hat längst zu schmelzen begonnen.

Provinzen sind wie
zerbrechliche Vasen

Peking und Shanghai, Volksrepublik China,
Juli 2009

»*Seid einig, gestrafft und rege.*« *Mao.*

»Was tue ich am Abgrund? Ich halte inne. Und schaue. Meistens zurück. Um festzustellen, wie ich an den Abgrund kam.« Das ist so eine ganz typische Satzkonstruktion unseres hochgewachsenen, grauhaarigen Gastgebers in Peking, dem, wie Frank später einmal treffend feststellen wird, Völkerfreundschaftsautomaten. Seine Sätze sind gleichermaßen Ausdruck eines sonnigen und in sich ruhenden Gemüts, denn weniger ausgeglichene Geister würden am Abgrund entweder entsetzt einen Schritt zurückspringen oder sich gleich entschlossen in die Tiefe stürzen und damit zu Ende bringen, was ja eh andere begannen. Unserem Gastgeber würde Derartiges aber nie und nimmer einfallen; ein wohlüberlegtes Innehalten kommt bei ihm bereits einem unkontrollierten emotionalen Ausbruch gleich. Und so führt er mit einem breiten Lächeln im Gesicht ein paar junge und menschlich ausgesprochen angenehme Wissenschaftler durch das abenteuerliche Gewusel der chinesischen Hauptstadt; mich und ein halbes Dutzend Kollegen, die mir in Sachen Eitelkeit in nichts nachstehen. Wir sind in die Volksrepublik gebeten worden, um einer Konferenz beizuwohnen, deren Ziel in einer nicht weiter definierten Vertiefung des chinesisch-deutschen Dialogs besteht. Zu dieser innovativen Idee können wir einem chinesischen Institut für strategische Studien gratulieren, das auf nicht völlig durchschaubaren Wegen zum Verteidigungsministerium der Volksrepublik gehört. Uns war nur eine Aufgabe mitgegeben worden, jene aber mit Nachdruck: Die Volksrepublik sollten wir kennenlernen und dem sogenannten wissenschaftlichen und strategischen Dialog einen nebulös gehaltenen Impuls geben. Obwohl in China das Senioritätsprinzip auf absurde, eben absolute Art und Weise das wirtschaftliche und politische Leben dominiert, sind die Strategen auch dort neuerdings auf den Trichter gekommen, dass junge Wissenschaftler und Berater ganz revolutionär Neues zu weitestgehend, nein völlig ausdiskutierten Fragen beitragen könnten. Nun liegt das Reich der Mitte bezeichnenderweise am anderen Ende der Welt, weshalb uns zugestanden wurde, auch Land und Leute durch einige Reiserei kennenzulernen. Wir sollen China sehen, beim Essen und Trinken über die Stränge schlagen und damit einen guten und dauerhaften Eindruck bei jenen politischen Kontakten hinterlassen, zu deren Pflege wir diese Reise überhaupt erst angetreten hatten.

So sitzen wir nach vier Stunden Schlaf, vierzehn Stunden Flug und viertausend Kilometer von zuhause entfernt am Frühstückstisch unseres Hotels in Peking, schauen auf den Paulaner-Biergarten gegenüber und fragen uns, wie weit der Rand des Abgrunds wohl noch sein könnte. Auf der anderen Seite des schmalen Kanals steht irgendein Hochhaus, das zwar von einer stilisierten Pagode abgeschlossen wird, aber einen Irish Pub beherbergt. Einzig die bierfarbene Brühe, der besonders schwere Smog, lässt erahnen, dass wir nicht mehr in Europa sind. Gegen Mittag nimmt der bierfarbene Smog einen leichten Ockerton an, am Abend schließlich wird er dünstlichgrau. Ich kann förmlich spüren, wie der Smog sich in meiner Lunge zu asbesthaltigen, komplexen Krebsgeschwüren auswächst. Der Smog zieht sich so zusammen, dass nach einiger Zeit die Sicht unter fünf Meter fällt; nach dem Eierfrühstück wirkt Peking also tatsächlich ein bisschen wie China. Aber noch sitzen wir beim Frühstück, und da wird das Schweigen urplötzlich durchbrochen. Eine Kollegin spricht sehr unvermittelt davon, unlängst in China gewesen zu sein und deswegen eigentlich alles zu kennen, uns überall weiterhelfen und uns in alle Geheimnisse des Landes einweihen zu können. Sie hätte Journalistin werden sollen. Wir sollen nur fragen, China, hier und jetzt? Kein Problem. China, gestern und morgen, nur zu! Allerdings kann sich niemand zum Zuhören, geschweige denn zum Fragen durchringen. Die Stille kehrt so plötzlich ein, wie sie unterbrochen worden war, fast niemand fühlt sich ertappt, einzig Frank unternimmt einen betont gleichgültig gehaltenen Versuch, sich popliterarisch aus der Affäre zu ziehen: »Sorry, der Bacon war einfach zu crispy.« Ansonsten, so viel scheint schon nach wenigen Stunden in der Volksrepublik allen klar, wirkt Peking wie eine riesige Ausstellungsfläche auf der Hannover-Messe. Alles ist blank geputzt, Marmor blitzt das verschwiegene Lächeln des Wohlstands, und auf die Blätter der dem Wohlstand entgegengeschnittenen Buchsbäume legen sich nur langsam die Staubpartikel, die Peking genauso vernebeln wie die Zukunft der Volksrepublik. Nur kleine Golfcarts unterbrechen die Idylle, die wild blinkend über die Gehsteige schleichen und deren Fahrer irgendeine Phantasieuniform tragen und offenbar einer staatlich autorisierten Aufgabe nachgehen, ohne dass irgendjemand sagen könnte, was das wohl für eine Aufgabe ist. Die Golfcarts lassen ihre Licht-kegel durch den Tag kreuzen, ihre Fahrer schauen grimmig geradeaus.

Der langsam wabernde, bierfarbene Smog legt sich wie eine dickflüssige Masse Kunstharz auf alles und jeden. Er verlangt der Hauptstadt jene Ruhe ab, die China in den letzten Jahren abgeworfen hatte. Wir wenden uns in allgemeiner Malaise den Zeitungen zu. In den Tagen vor unserer Ankunft hatten die Bürger der chinesischen Provinz Urumqi mit Pflastersteinen oder, wo bereits geteert worden war, mit Plastikstühlen um sich geworfen. Das mussten sie sich beim Rest der Welt abgeschaut haben, denn auch in Urumqi wollen sie so auf allgemeine Missstände aufmerksam machen, und offenbar hatten sie auch noch Gefallen an ihrem Tun gefunden. Nun, am Morgen des 20. Juli, titelt das auf Englisch erscheinende Regierungsblatt, die *China Daily*: »Boshaftigkeit der Randalierer ›unerwartet‹. 12 tobende Gangster von der Polizei während der Unruhen in Urumqi erschossen.« In dieser geradezu poetischen Überschrift schwingt die beruhigende Gewissheit der Zeitungsredakteure mit, dass die Polizei schon wissen werde, wen sie erschießt. Und da die *China Daily* sich vor allem an die Ausländer in China wendet, ist es den Redakteuren ein Anliegen, ihre Zuversicht mit dem westlichen Besucher zu teilen. Rechtsstaatliches Verfahren hin oder her. Neben diesem eleganten Aufmacher weiß die Wirtschaftssektion der Zeitung vom heraufziehenden G-2-Treffen zu berichten: »China, USA ›wie zwei Seiten einer Medaille‹«. Wer genau die Zitate einfügt und woher die kommen, bleibt das Geheimnis der Redaktion, allerdings sind alle Überschriften mit großer Zuversicht in die Weisheit der Regierung und der Durchsetzungsfähigkeit des Staates geschrieben worden. Die G-2 war so eine fixe Idee eines Autoren in der amerikanischen *Foreign Affairs* gewesen, die den Einfluss Chinas etwas stärker akzentuierte, als er eigentlich ist, und die Politiker der Volksrepublik vollbrachten das Kunststück, die Idee dankbar aufzunehmen und gleichzeitig deren Überfälligkeit wortreich zu beklagen. Trotzdem ist das ungewohnt, denn bislang war der erste Impuls der chinesischen Regierung stets in einer allgemeinen, eher prinzipiellen Ablehnung alles augenscheinlich Westlichen zu finden. Wenn ich es recht betrachte, dann hatte das chinesische Verhalten bis hierhin Ähnlichkeit mit meiner Reaktion auf Mutters Wunsch, ich solle mehr Fenchel und Rosenkohl essen (meine Ablehnung war stets mit dem wohl als Argument gedachten Satz quittiert worden, dass der Bauer wohl nicht esse, was er nicht kennt). Mit der Idee einer G-2 sind die Chinesen nun aber sehr zufrieden, und zwar weil sich die Elite eines anderen Nachbarstaats damit besonders schwertut: die indische nämlich. Genaugenommen stänkern die seit einer Weile lautstark gegen den ganzen G-2-Stuss an, aber das erscheint hier in Peking nicht weiter der Rede wert, und überhaupt gelten die Inder hier ja als recht stieselig, weshalb sie in den chinesischen Zeitungen auch aus Prinzip keinerlei Erwähnung finden.

Am Morgen des 20. Juli sind die Ausschreitungen in Urumqi ohnehin wichtiger. Worum es da geht, weiß die *China Daily* aber nicht zu berichten, nur dass es natürlich Unfug sei, überhaupt zu demonstrieren, wo die Menschen doch in einem so wundervollen Staat lebten. Ich war versucht zuzustimmen, hier gibt es Paulaner-Biergärten, knusprigen Frühstücksschinken, einen Staat, der an jeder Ecke unwirtlich blinkend an seine eigene Präsenz erinnert und durch den Smog auch sogleich an sein eigenes Versagen, und wenn die Sonne durch die Staubwolke bricht, dann ist selbst der allgegenwärtige Kitsch erträglich.

Wer Chinas Selbstbild zu verstehen sucht, muss nur ein paar Minuten im Auto durch die Hauptstadt fahren. Staus, Hochstraßen mit vielen Abzweigungen und überall in die Höhe schießende Häuserschluchten lassen in mir den Verdacht aufsteigen, dass die Volksrepublik sich bereits als Avantgarde eines neuen Jahrtausends versteht. Besonders deutlich wird das Paradox des chinesischen Wirtschaftswunders an dem größenwahnsinnigen Neubau des staatlichen Fernsehsenders CCTV. Das Gebäude besteht aus zwei Komplexen, die das moderne China besser wiedergeben, als wohl selbst den meisten Chinesen klar ist. Das Hauptgebäude ist eine gefährlich schief geratene, halb in der Luft schwebende, monumentale Ecke. Das zum gerade fertiggestellten Neubau gehörende Hotel im Wolkenkratzer nebenan im weniger klassischen Stile eines Turms war ebenfalls im Vorjahr fertig geworden, dann aber auf phänomenale Weise vollständig ausgebrannt, weil die Rundfunkmitarbeiter auf dem Dach verbotene Feuerwerkskörper abfeuerten und es mit dem Brandschutz in der Volksrepublik ohnehin nicht so irrsinnig weit her ist. Und so war ganz China: Alles war groß und phänomenal beeindruckend, aber es könnte ebenso gut von einem Moment auf den nächsten in sich zusammenkrachen, in Flammen aufgehen oder von aus dem Pazifik aufsteigenden Riesenmonstern japanischer Herkunft zerstört werden.

Wir versammeln uns mit leichtem Kater in der Lobby des Pekinger Kempinski und bereiten uns auf einen weiteren Tag vor, der uns durch die nicht enden wollenden Häuserschluchten Pekings führen sollte, und hatten uns vorgenommen, den Tag von Gespräch zu Gespräch eilend zu verbringen und zwischendurch ausgiebig zu essen. Also das zu tun, was unter

Journalisten als gelungenes Tagewerk firmiert und mich stets beruhigt einschlafen lässt.

Erster Termin: Deutsche Botschaft. Die Männer in der Delegation entscheiden nach kleinem Palaver, gemeinsam ein Taxi zu nehmen, die Frauen sind längst in eines eingestiegen und im Nebel des Pekinger Morgens verschwunden. Der Taxifahrer schaut schon zu Beginn der Fahrt in den Rückspiegel und ist wohl in keinster Weise von unserer alabasterfarbenen Haut und den schwarzen Anzügen überzeugt. Als wir als Fahrtziel die Deutsche Botschaft angeben, nimmt er schnurstracks Kurs auf die Visa-Stelle der Botschaft. Ebenso professionell nehmen wir an, dass irgendwer das Taxi wohl schon bezahlt haben wird, und stehen Sekunden später in dunklen Anzügen in der knapp vierzig Grad messenden Sommerhitze der chinesischen Hauptstadt. Um uns ist selbst der Smog durchsichtig geworden. An Schatten nicht zu denken. An Nachsicht des Taxifahrers auch nicht, der krakelt irgendetwas, ist aber auch nicht bereit, aus seinem Auto auszusteigen. Wir drücken ihm einen bunten Yuan-Schein in die Hand, und er wirkt plötzlich etwas zu zufrieden. An der Visa-Stelle sind wir natürlich falsch, und die wartenden Chinesen nehmen mit sichtlicher Genugtuung zur Kenntnis, dass uns drei Deutschen der Eintritt zur Deutschen Botschaft verwehrt wird. Wir müssen zum Eingang auf der anderen Seite des Blocks. Also Spaziergang in der irren, flirrenden Hitze, und an jeder Straßenecke ein bewaffneter Chinese in einem Kabuff oder unter einem Sonnenschirm. Niemand von denen scheint schwitzen zu müssen oder lächeln zu wollen. Alle stehen sie nur da, in ihren minzgrünen Hemden und stieren geradeaus in die nächste Straßenecke. Außerdem gibt es an jeder Ecke überlebensgroße, künstliche Pilze, deren Zweck sich niemandem erschließt. Ich nehme an, dass es sich um Eingänge in riesige Geheimbunker handelt, in denen noch mehr chinesische Wächter stehen und in irgendwelche Ecken stieren. Aber das ist vermutlich hitzeinduzierter Unsinn.

Als wir endlich zur Deutschen Botschaft kommen, sind die Damen der Delegation natürlich längst da, sie hatten es auf wundersame Weise vermocht, gleich am richtigen Eingang abgesetzt zu werden. Sie beginnen ihren Triumph auszukosten und fragen, ob es wohl warm gewesen sei. Ich aber bin längst zu müde, ihnen noch Paroli zu bieten, und bewundere den verführerischen Charme der 1990er Jahre, mit dem das Auswärtige Amt diese Botschaft geschmückt hat. Die Botschaft hat nicht mehr als drei oder vier Stockwerke, und das erscheint dann doch extrem unwahrscheinlich in dieser Stadt. Dafür hatten die Deutschen um das ganze Gebäude herum Bäume gepflanzt, einsames Monument deutschen Umweltbewusstseins in einem Land, das der Natur in erster Linie ankreidete, zu nerven und immer alles überwuchern zu wollen. Aber alles andere passt in ein eigenartiges Bild Deutschlands, in das Bild eines Landes, dessen eigener Aufbruch eben schon mehr als ein Jahrzehnt zurückliegt und dessen Wirtschaftswunder hier eigenartig gestrig anmutet. Die Lobby ist in Pastellfarben gehalten, der Rest nur bunt angemaltes Metall. In einer Ecke steht ein Modell des Transrapids mit einer Bemalung, die auch an die erste Hälfte der 1990er Jahre erinnert und das noch herrschende Fortschrittsversprechen durch noch schnellere Bewegung und die Hoffnung auf einen wirklich großen Exportschlager. Das alles wirkt wie eine Filmkulisse aus dem Großen Bellheim oder eben, genau, wie aus einem Messefilm. Der Schreibtisch des Direktors für irgendwelche Angelegenheiten ist komplett leergeräumt und, auch in seinem Vorzimmer sind alle Unterlagen gut weggeschlossen, dafür tragen hier alle lange Schlüsselbunde um den Hals, so dass die Botschaft wirkt wie die Geschäftsstelle der Verbands deutscher Hausmeister. Wir aber deuten das kulturtechnisch gekonnt als weiteres Indiz für chinesische Neugier. Der Botschaftsbeamte empfängt uns mit dem festesten Händedruck, der im Land der Bauernrevolution und dem großen Sprung nach vorne gefunden werden kann und zu dem seine große Goldrand-Brille mit braungebranntem Colin-Powell-Gesicht ebenso passt, wie seine offensichtliche Zuneigung zu klaren Aussagen, mit exakt zwei Nebensätzen. Das muss er irgendwo gelernt haben, denn es wirkt eigenartig geschäftsmäßig, so wie er da hinter dem leeren Schreibtisch sitzt.

Deutscher Diplomat mit Colin-Powell-Gesicht und Brille (glasklar artikulierend): »Heute sind die chinesischen Diplomaten hochprofessionell, ganz im Gegensatz zu früher, als sie nur irgendein Glückwunschtelegramm an irgendeine Splitterpartei in Guinea-Bissau für das Erreichen von dies und das verschickten.«

Mit diesem Bild im Kopf haben wir endlich einen einmaligen Eindruck von China und damit unsere Neugier für ein paar Stunden befriedigt. Also ab, etwas Folkloristisches unternehmen.

Die Verbotene Stadt zeichnet sich vor allem dadurch aus, dass wirklich absolut jeder hinein darf. Und über allem hängt der wabernde Smog in etwa so dicht wie die Wolkenbrüche über dem Jadebusen. An den verschwitzten Teilen unserer Hemden bildet sich eine zementartige Schicht, die etwas an die Kalkreste an meinem Wasserkocher erinnert. Das Eigenartige an der Verbotenen Stadt ist, dass sie eigentlich nur aus endlosen Gängen und großen Plätzen besteht, von einer Stadt kann beim besten Willen keine Rede sein. Die Chinesen haben damals einfach ein Riesenwirrwarr gebaut, aber es geschafft, dabei so gut wie keinerlei Wohnraum zu zimmern. Und dort, wo es unter tempelförmigen Dächern mal geschlossene Räume gibt, finden sich immer nur Altäre, Schreine oder sonstiger religiöser Klimbim. Bett und Stühle: Fehlanzeige. Mir scheint das ein Teil des Untergangs von Zivilisationen zu sein, der von der Wissenschaft noch zu häufig vernachlässigt wird.

Latsch, latsch, latsch. Es dauert ewig, von einem Raum zum nächsten zu gelangen, und immer muss man schwitzen wie ein Ochse auf dem Ho-Chi-Minh-Pfad. Immer dichter wird der lehmfarbene Smog der Hauptstadt. Wie hier chinesische Herrscher mal tausend Konkubinen gehalten haben sollen, erschließt sich mir nicht, und das, obwohl ich das Ansinnen, ein wenig räumliche Distanz zwischen Liebhaber und Mätresse zu bringen, nachvollziehen und gutheißen kann. Aber sie gleich so zu verstecken, dass sie praktisch nie wiederzufinden waren, erschien mir doch großer Tinnef. Die allgemein spürbare Unbequemlichkeit muss in jedem Fall zu einer kriminellen Verkürzung des Aktes geführt haben. Also ab zum nächsten Tempel mit überdimensional großer Parkanlage.

Da haben sich auch schon hundert chinesische Rentner zusammengerottet und trällern die Internationale, nebenan gibt es zum Glück Coca-Cola von irgendeinem fliegenden Händler. Wieder andere Chinesen machen gemeinsam gymnastische Übungen, und Kinder spielen mit Luftballons. Hier wirkt alles wie in einem besonders menschelnden Beitrag des ZDF Auslandsjournals. Wir sehnen uns nach einem klimatisierten Raum und nicht nach zwischenmenschlichem Kontakt. Also wieder irgendwohin, ein paar Tsingtao stürzen und noch mehr chinesische Spezialitäten probieren. Diesmal allerdings sitzen wir mit chinesischen Altstipendiaten einer politischen Stiftung an einem runden Tisch und knabbern an besonders scharfen Dingen, deren brennender Nachgeschmack sich auch mit dem Tsingtao nicht löschen lässt. Dieser Abend, so hieß es für uns ermüdete Europäer, solle familiär ausfallen. Wir sollten uns wohlfühlen und sicher sein, dass dies nun kein offizieller Anlass war, wir könnten, wie es hieß, hier offen reden. Und schließlich saßen hier Wissenschaftler mit uns am Tisch, die alle viele Jahre in Europa verbracht hatten und damit das Familiäre solcher Austausche zu schätzen wüssten. Ein chinesischer Professor für europäische Literatur und ein Professor für Politik oder Management, so genau konnte das später keiner mehr sagen, bildeten die Gravitationszentren der sich entfaltenden Konversation. Und während der Professor für Politik oder Management oder sonstwas das chinesische Wirtschaftswunder für eine besonders große Wucht hielt und die Effizienz des politischen Systems für über jeden Zweifel erhaben erklärte, wird der Professor für Literatur zunehmend unruhig. Was denn nun so toll sei in China, wollte er nun wissen, wo hier doch niemand sicher sein könne, wann und wo er (und gleich noch die ganze Familie) verhaftet werde? Und schließlich schreie die Korruption und Vetternwirtschaft der Kommunistischen Partei doch zum Volkshimmel. Und überhaupt sei das mit der Effizienz doch alles Propaganda. Und so zanken sich beide, bis der Politikprofessor, sichtlich überrascht vom entschiedenen Widerspruch und zudem überrumpelt und unterlegen, irgendetwas auf Chinesisch zischt, der Literaturprofessor gleichgültig die Achseln zuckt und wir in abgeklärter, geradezu englischer Manier den nächsten Gang zu uns nehmen, ganz so, als sei nie etwas passiert. Aber wir haben auch keinen Zweifel, dass das im China des Jahres 1991 ganz und gar unmöglich gewesen wäre.

Am nächsten Morgen erklärt ein deutscher Journalist besonders ausführlich und umständlich, dass in China nur noch verfolgt wird, wer sich organisiert. Alles gar nicht mehr so schlimm, früher sei ja einfach jeder verfolgt worden, der auch nur einen unguten Gedanken zur Kommunistischen Partei oder einer deren Kader gehegt habe. Die Kommunistische Partei Chinas erklärt das in klaren, parteigebundenen Kausalzusammenhängen: Ohne Kommunistische Partei gäbe es kein neues China. Wozu da noch andere Parteien? Diejenigen, die jetzt den Widerspruch wagen, meinen dagegen, dass es ohne Kommunistische Partei einfach keine Kommunistische Partei gäbe. Die Kommunistische Partei hat hingegen den unbestimmten Verdacht, dass diejenigen, die letzteres Argument vorbringen, die Kommunistische Partei auch nicht vermissen würden, weshalb sie ihnen untersagt, sich zusammenzufinden und sich gegenseitig in ihrer Meinung auch noch zu bestärken. Danach berichtet irgendjemand anderes von der finanziellen Zusammenarbeit zwischen China und Deutschland, die aber irgendwie gerade beendet werde, weil die Volksrepublik nun beim besten Willen nicht mehr als arm gelten könne. Alles andere fällt durch mein siebartiges Gedächtnis, denn eine bleierne Müdigkeit hat meine Venen erobert, und obwohl ich mir selbst immer wieder in den Arm kneife, um ja nicht in einen peinlichen Sekundenschlaf zu fallen, ist an Aufmerksamkeit nicht mehr zu denken. Meine Müdigkeit vergebe ich mir selbst, schließlich rasen die Abende in der chinesischen Hauptstadt dahin, und das obwohl wir nun schon ein paar Tage mit viel offiziellen Anlässen und praktisch ohne Schlaf hinter uns haben.

Und auch an diesem Abend droht ein weiteres Dinner, diesmal mit Abgesandten aus der außenpolitischen Abteilung des Zentralkomitees der Kommunistischen Partei. Dazu mobilisieren wir die letzten Reserven, denn erstens soll es Peking-Ente geben, und zweitens erwarten wir von den ZK-Angehörigen besonders aufschlussreiche Worte, nüchterne Analysen und die Einweihung in das eine oder andere Geheimnis der chinesischen Reformpläne und dezente Hinweise auf geplante Demokratisierung. In einem separaten Raum eines chinesischen Restaurants knüpfen wir die zarten Bande zwischen unseren Ländern also etwas enger, und das ist keineswegs einfach, denn während die Köche vor unseren Augen die Enten filetieren, geben sich die jungen Damen und Herren des Zentralkomitees betont wortkarg. Dafür befragen sie uns intensiv nach allem, was ihnen in den Sinn kommt. Als die Unterhaltung hier und da völlig einzuschlafen droht, ringen wir uns schließlich dazu durch, selbst ein oder zwei Fragen in den Raum zu stellen.

Ich (neugierig): »Wie wird sich denn das chinesisch-indische Verhältnis entwickeln? Welche Vorstellungen gibt es dazu im Zentralkomitee?«

Weibliches Mitglied der chinesischen Delegation (abwehrend): »Ich verstehe die Frage nicht.«

Ich (irritiert): »Indien ist doch die nächste neue Weltmacht nach der Volksrepublik und zudem ein Nachbar. Da muss es doch Ideen geben, wie sich das Verhältnis zu Indien gestalten lässt? Das war ja auch gelegentlich ein etwas schwieriges Verhältnis?«

Dasselbe Mitglied der chinesischen Delegation (nun wieder auf sicherem Gelände): »Da haben wir die gleiche Meinung wie die Europäische Union.«

Ich: »Ach.«

Gelegentlich heißt es, die interessantesten Gesprächsgegenstände sind die, die nicht angesprochen werden. Wenn das stimmt, dann ist die Volksrepublik noch immer eine sehr unsichere Weltmacht, in der selbst wichtige Funktionäre Angst haben, irgendetwas zu entwickeln, was einer Meinung gleichkommt.

Am 22. Juli meint die *China Daily*: »Politik trägt keine Schuld an den Unruhen in Urumqi. Aber die Regierung denkt, es könne eventuell mehr getan werden, um verschiedene Kulturen zusammenzubringen.« Denn so normal, dass sich Menschen in der Volksrepublik nur aus Schierschandudel zusammenrotten, Polizeiautos umwerfen und in Flammen setzen, Pflastersteine werfen und politische Parolen grölen, ist die Volksrepublik ja auch noch nicht. Und deshalb kann der Staat auch nicht, wie in normalen Staaten üblich, durch entschiedenes Nichtstun reagieren. »Eventuell« müsse also »etwas getan« werden. In der Volksrepublik wird erst einmal das getan, was die Führung der Kommunistischen Partei am besten kann. Rettung naht in Form von gepanzerten Fahrzeugen und Mannschaftstransportern, die in langen Kolonnen über Bildschirme flackern und in die Provinz Urumqi rollen. Im Reich der Mitte ist grundsätzlich alles am Rand und Urumqi auf der gegenüberliegenden Seite des Volksrepublikrandes. In der Mitte Chinas ist entweder eine Wüste oder ein schwarzes Loch, was aber ungefähr auf dasselbe hinausläuft. Jedenfalls geschieht dort nichts, eigentlich müsste China das Reich ohne Mitte genannt werden.

Allein, dass die Proteste im Fernsehen gezeigt werden, ist aber doch bemerkenswert, denn noch vor wenigen Jahren wäre dergleichen einfach unter den Teppich gekehrt worden. Und entgegen unserer Erwartung werden die Unruhen in Urumqi auch sonst nicht etwa totgeschwiegen, sondern überall leidenschaftlich diskutiert. Eigentlich waren wir ja gekommen, um den deutsch-chinesischen Beziehungen ein sympathisches Gesicht zu verleihen und ihnen eine wundervolle und prosperierende Zukunft zu prognostizieren. Als Ausländer finden wir uns aber plötzlich einer ganz anderen Herausforderung gegenüber: Einerseits ziehen uns die chinesischen Gesprächspartner gerne als vermeintlich objektive Schiedsrichter heran, andererseits verlangen sie von uns ein Urteil, das so objektiv sein soll, dass es der chinesischen Regierungshaltung – in Urumqi sind nur undankbare Terroristen – genau entspricht. Eigentlich wird in Urumqi ja nur deutlich, welch eine unendlich breite Schlucht unsere Kulturen noch immer voneinander trennt. Ich bin bereit, alles und das stets prinzipiell auszudiskutieren, und derart innerlich gestählt, kann ich nur recht behalten, da würden sich die chinesischen Hardline-Kommunisten noch umschauen. Doch wann immer jemand von uns sagt, dass Terroristen in der Regel Menschen, Autos und Häuser sprengen und nicht mit Steinen werfen, erhalten wir nur eine wegwerfende Handbewegung.

Wie weit es mit dem Kommunismus in China schon gekommen ist, lese ich schon an der einfühlsamen Wahl des Tagungsorts ab. Die deutschen und chinesischen Experten werden im Pekinger Kempinski zusammengetrommelt, wo unsere chinesischen Kollegen es für gerade so erträglich halten, was nutzt ein Wirtschaftswunder, wenn nicht schön getagt werden kann? Ich denke an den Biergarten und den Frühstücksschinken und die Dolmetscherin, die seit einer Stunde hin und her lief und auch eine Wucht war. Eigentlich spitzt sich von da an alles nur noch ganz gefährlich zu.

Irgendein Sprecher erklärt gerade, dass Angela Merkel von den Medien ja ganz schlimm verherrlicht werde, das sei ganz eindeutig Propaganda. Außerdem gäbe es ja ständig Gerüchte um die Qualität chinesischer Produkte; das sei natürlich extrem unfair und damit müsse die deutsche Presse auch mal aufhören. Der Redner formuliert diese völlig nachvollziehbare Forderung nach Aufhebung der Pressefreiheit so:

Chinesischer Diplomat (polternd):»Die Schmutzkampagne gegen Made in China gehört mit einem stählernen Besen hinweggefegt.«

Ich wollte nach dem Schicksal der Agitprop-Abteilung fragen, besinne mich aber eines Besseren und schaue nach der Dolmetscherin. Die wirkt schrecklich beschäftigt, und weil sie in ihrer kleinen Kabine ganz und gar abgeschottet sitzt, kann ich allenfalls erahnen, wie sie in voller Statur wirken muss. Ich wende mich wieder dem Panel zu, auf dem der chinesische Stratege über eine weitere, zum Himmel schreiende Ungerechtigkeit dieser eigentümlichen Deutschen klagt, die beim besten Willen niemand nachvollziehen könne:

Chinesischer Diplomat (polternder):»Das Waffenembargo gegen China ist eine Diskriminierung, die hinweggefegt gehört im Interesse des öffentlichen Friedens.«

Entweder ist das mit dem Fegen generell eine wichtige Beschäftigung in China oder die Dolmetscherin hat eine besondere Vorliebe für eigenartig platzierte Verben. Wo wir gerade beim Fegen sind, empfinden es auch alle anderen chinesischen Strategen als ihre Aufgabe, noch einmal darauf hinzuweisen, wie liebenswert die Deutschen ja an und für sich seien. Überhaupt sei in den deutsch-chinesischen Beziehungen immer alles ganz prima gewesen, womit sie meinen, dass Berlin sich nicht zu lange mit diesen profanen und langweiligen Fragen nach den ollen Menschenrechen aufgehalten hat, sondern lieber deutsche Turbinen, Schiffsrotoren und was der deutsche Maschinenbau sonst noch ausspuckt, ins Reich der Mitte verkauft hat. Aber 2007 sei dann alles ganz schlimm gekommen und die deutsch-chinesischen Beziehungen seien in einen tiefen Abgrund gestürzt, an dem leider überhaupt niemand mehr innegehalten habe. Da habe es dann eben diesen furchtbaren Bruch gegeben, von dem sich die Beziehungen eigentlich gar nicht wieder erholen könnten, selbst wenn die chinesische Seite nichts unversucht lasse, was sie nun wirklich ständig jedem demonstriere. Als auch der vierte Stratege beginnt, nebulös vom Jahr 2007 zu sprechen und wir nur ratlose Blicke austauschen, erbarmt sich doch noch ein Mitarbeiter der deutschen Botschaft und flüstert uns durch seine Zähne zu, dass die Kanzlerin damals den Dalai Lama im Kanzleramt empfangen habe und die Chinesen das überall auf der Welt immer noch für einen nicht tolerierbaren Affront halten. Dass jetzt aber auch in Berlin niemand auf die Idee kommt, ernsthaft einen ethno-religiösen Gottesstaat in einem Land zu fordern, in dem inzwischen mehrheitlich Chinesen wohnen, war hier vielleicht nicht so ohne weiteres zu vermitteln. Auch dass der Dalai Lama nur ins Kanzleramt nach Berlin durfte, weil der Berliner Kulturbetrieb in ihm einen Wohlfühl-Folklore-Clown sieht, bringen wir lieber beim Dinner unter Alkoholeinfluss vor. Da kann nur noch unser in sich ruhender Gastgeber, der Völkerfreundschaftsautomat, die Harmonie retten: Nach dem letzten Beitrag seufzt er lange und ausführlich, faltet seine Hände in einer beruhigenden Geste, blickt lange und undurchsichtig lächelnd in jedes einzelne Gesicht, verharrt kurz bei den Generälen, sammelt sich und spricht: »Ist das aber auch wieder alles emotional heute.«

Also lieber wieder irgendein Dinner: Das endet damit, dass ich lauter Dinge esse, die sich von Aussehen, Geschmack und Konsistenz nie so ganz genau zuordnen lassen und irgendwer dem chinesischen Oberstrategen auch noch geflüstert haben muss, dieser Tag heute sei mein Geburtstag.

Als also nach Stunden endlich der letzte Gang verdrückt und mir ohnehin schlecht ist, kommt ein Kellner und stellt unvermittelt zwei Flaschen Reisschnaps auf meinen Tisch und verschwindet wieder. Danach tritt der ranghöchste General der Konferenz an unsere Tischgesellschaft heran, bedankt sich überschwänglich für meine vorbildliche Bereitschaft, diesen wundervollen Tag in seiner und generell der chinesischen Gesellschaft zu verbringen, schenkt uns zwei Schnäpse ein, stößt mit mir an, stürzt den Schnaps hinunter und geht wieder an seinen Tisch. Noch bevor ich ganz begreife, was vor sich geht, kommt mit breitem Grinsen der Delegationsleiter an meinen Tisch, tut es dem General nach und schenkt uns mit schadenfroher Miene je einen Schnaps ein. Dann kommt der stellvertretende General, schenkt uns ebenfalls ein, stößt mit mir an, schaut mir in die Augen und wohl auch in meine Seele und schüttet sodann wortlos den brennenden Schnaps in seinen weiten Rachen. So geht es etwa zweiundvierzig Mal; während sich die Dinner-Gesellschaft längst aufzulösen beginnt, begebe ich mich mit einem chinesischen Heeresoberst Arm in Arm auf die Suche nach dem letzten Tropfen des Reisschnapses. Wir schenken uns gegenseitig noch ein Gläschen ein und trinken dann auf das Wohl der Landstreitkräfte in Ost und West. Dann zwinge ich die Herren meiner Delegation, mit mir den nächsten Quell zu suchen, um den ewigen Durst zu löschen, und wir plündern artgerecht die Minibars des Kempinski. Für die Völkerfreundschaft müssen gelegentlich auch Opfer erbracht werden und ich bin bereit, mich tapfer in die

Bresche zu werfen, auch wenn es mir doch wieder niemand danken würde, und mein Körper wird es mir ganz sicher nicht verzeihen, mit der Rache aber noch ein paar Jahre warten.

Andererseits hatten wir uns diesen ausschweifenden Abend verdient, denn schon am Vortag hatten uns unsere Gastgeber an einem sonnigen und steilen Bereich der Chinesischen Mauer abgesetzt und uns dann aufgefordert, an einem willkürlich ausgewählten und besonders felsigen Abschnitt die olle Mauer hinaufzuhetzen. Seither ist mir der chinesische Aufstieg zur Weltmacht ein noch viel größeres Rätsel, denn an der Mauer sind überall nur Flaggen, Propagandashops und Stufen, die offensichtlich mit klarer Absicht nicht genormt wurden und von denen einige so hoch sind, dass eigentlich überhaupt nicht nachzuvollziehen ist, wie sich da Horden zwerghafter Chinesen hochgezogen haben sollen, um irgendeinen Mongolenangriff abzuwehren. Ich entschied mich auf halber Strecke, die Gipfeltour abzubrechen und im Propagandashop am Fuß der Mauer eine Coca-Cola zu trinken und Mao-Plakate zu kaufen. Und vermutlich haben alle Gegner Chinas das auch immer schon so gehandhabt; die Mauer schreckte mehr ab, als sie Verteidigung bot, und das war natürlich ein ganz arglistiger Trick.

Im Propagandashop angekommen stelle ich fest, dass zwei Dutzend Amerikaner ebenso klein beigegeben haben und nun auf der Suche nach haltgebenden Softdrinks waren. Also kaufe ich zwei Mao-Poster, um mein Einknicken vor der chinesischen Baukunst offiziell zu zelebrieren. Als ich die Coladose aufreiße, macht sie ein verheißendes Knackgeräusch, und dabei erinnere ich mich daran, dass die Volksrepublik China mir schon mit zarten vierzehn Jahren den völligen Bankrott des deutschen Schulsystems vor Augen geführt hatte. Da zwang mich das Land Bremen, am Gymnasium Unterricht im textilen Gestalten zu nehmen und stricken und häkeln zu lernen, obwohl da schon klar war, dass alle Topflappen, die ich jemals kaufen würde, in China oder Bangladesch für ein paar Cent gefertigt werden würden. Aber die Behörden der Hansestadt taten noch in den Neunzigern so, als müsste ich unbedingt häkeln und stricken lernen, um auf dem Arbeitsmarkt bestehen zu können. Obwohl es am Ende doch immer Oma war, die den viel zu kurzen Schal zu Ende stricken musste und das mit einer Miene, als könne man nicht wissen, wann die Roten kommen. Dabei hatten die längst Besseres zu tun. Unsere Topflappen zu besticken hatte den Frieden zwischen Ost und West praktisch für immer zementiert.

Der Nachteil des ausgiebigen Saufgelages in den Händen der schonungslosen Chinesen, das offenbar nur mich nach einundfünfzig Schnäpsen völlig blau zurückgelassen hatte, lag darin, dass irgendjemand für den kommenden Tag einen Flug nach Shanghai angesetzt hatte, der offensichtlich so früh wie nur irgend möglich starten sollte. Außerhalb der Hauptstadt Peking, in Shanghai, so hofften wir, könnten wir zur Abwechslung auch jene Stimmen hören, die den eigenen Aufstieg vielleicht etwas distanzierter sehen. Schließlich ist der Aufstieg Chinas nicht an der Pekinger Skyline abzulesen, sondern an der in Shanghai. Auf dem Weg zum Pekinger Flughafen kann ich mich des Eindrucks nicht erwehren, dass ein Bus noch nie auf so viele Schlaglöcher direkt zugefahren ist; ständig habe ich mich selbst im Verdacht, mich beim nächsten Schlagloch wirklich und endgültig so übergeben zu müssen, wie sich noch nie jemand jemals übergeben hat. Schon habe ich einen Klumpen eigenartiger Konsistenz im Hals, kann mich aber doch noch zusammenreißen und ihn wieder hinunterschlucken. Im Flughafen sollte man Kilometergeld für den Weg zum Gate bekommen. Latsch, latsch, latsch. Ich bin immer noch betrunken. Das waren mindestens dreiundsiebzig Schnäpse letzte Nacht.

Im Flugzeug finde ich mich auf dem mittleren Platz der Mittelreihe wieder, links und rechts neben mir junge Chinesen, die ihre mit Herzchen und sonstigem Kitsch verzierten Mobiltelefone überhaupt gar nicht ausschalten, stattdessen lieber auf ihnen herumdaddeln und Spiele spielen, in denen noch mehr Kitsch vorkommt und die noch viel nervigere Geräusche machen. Dann bestellen sie alle beim Essen das besonders ekelerregend riechende, graubraune Gemisch mit Sprossen. Und da ist er wieder, dieser Kloß in meinem Hals. Ich bin sicher, dass ich mich in dem Augenblick werde übergeben müssen, in dem das Fahrwerk auf der Rollbahn aufsetzt. Ich rücke die Tüte schon mal zurecht und stelle mir dann vor, wie unendlich peinlich es wäre, mich jetzt auf die chinesischen, verkitschten Mobiltelefone übergeben zu müssen. Dann geschieht aber zum Glück nichts, denn ich schlafe ein.

In Shanghai ist es noch viel heißer und schwüler, und das Hemd klebt an meinem Oberkörper, in dem sich der Alkohol der achtundsiebzig Reisschnäpse, der Schweiß und das Kempinski-Dinner entschlossen haben, gleichzeitig nach außen zu treten, und sich seither um die wenigen, offenen Poren streiten. Draußen ist der Smog aber so dicht, dass Schweiß und Ruß eine feste Schicht auf meinem Hemd und meiner Haut zu bilden beginnen. Während in Peking der Smog lehmfarben gewesen war, ist er hier dichter und aus noch dunklerem Ocker. Dafür scheint er noch schneller mit meinem Schweiß zu reagieren, und ich bin überzeugt, dass der austretende Restalkohol die krebserregenden Smogpartikel auf meiner

Haut imprägniert. Nur die Vorstellung, für nur wenige Minuten irgendwo liegen zu können, gibt mir noch Hoffnung. Ansonsten wirkt Shanghai in etwa so, wie ich mir Taschkent vorgestellt hatte oder eine andere beliebige zentralasiatische Retortenhauptstadt. Nur, dass es hier auch noch Menschen gibt. Und zwar irrsinnig viele.

Aus der herbeigesehnten Ruhe wird nichts, einzig eine Zeitung kann etwas Ablenkung verschaffen. Die über Shanghai hinaus zu recht völlig unbekannte *Shanghai Daily* berichtet von einer klassischen chinesisch-russischen Antiterror-Übung (die Sache mit Urumqi wird hier nicht erwähnt, obwohl doch alle gesagt haben, in Urumqi seien nur Radikale und Terroristen, da hätte es ja eigentlich nahegelegen, die ganze Übung direkt dort aufzuführen). Im Westen sehen Antiterror-Übungen immer so aus, dass besonders gut ausgebildete Soldaten sich aus Helikoptern herablassen und irgendein Versteck stürmen. In China und Russland ist man offenbar überzeugt, dass sich Terroristen grundsätzlich zusammenrotten und dann auf einem freien Feld gegen eine Panzerarmee kämpfen wollen. Auch die *China Daily* widmet sich am 23. Juli der chinesischen Armee, die eine Woche später feierlich ihre Internetpräsenz enthüllt. Nicht um die Regierungsgegner zu verfolgen, sondern um sich selbst nach Kräften anzupreisen, aus Anlass des zweiundachtzigsten Jahrestags der Gründung der Volksarmee. Eigentlich ist allenfalls bemerkenswert, dass die chinesische Armee nicht schon am achtzigsten Geburtstag eine Website hatte und bis jetzt überhaupt nicht im Internet gefunden werden konnte, wo doch Cyber-Krieg diejenige Kriegsführung ist, die die Volksrepublik am besten beherrscht. In der Provinz Jilin (die Chinesen ziehen wohl jeden Tag eine neue Provinz aus dem Hut) beginnt der Kampf der Roten

Armee und der Volksarmee gegen die Heerscharen wild um sich schießender Phantasie-Terroristen. Es war ein ungleicher Kampf, bei dem die Terroristen erwartungsgemäß unterliegen.

Es ist nicht das geringste Maß an schriftstellerischer Phantasie notwendig: Russische Kampfflugzeuge und chinesische Panzer rasen durch eine offene Tundra, bekämpfen ein in der Ferne heranrückendes, klassisches Massenheer, das nur zufällig aus lauter Terroristen besteht. Die haben, so stellen sich die Militärplaner das hier vor, ihrerseits ihre übliche Strategie aufgegeben und zur Abwechslung mal nicht vor, irgendein Passagierflugzeug oder Regierungsgebäude zu sprengen, sondern zwei der weltweit größten Landheere konventionell gezielt maximierend frontal anzugreifen. Dafür trainiert die Volksarmee. Oder wie die *China Daily* triumphal verkündet: »Mission für den Frieden zielt auf Terroristen.« Dazu Bilder riesiger Panzerhaubitzen, die tonnenschwere Granaten in den Nachthimmel ballern und chinesische Rekruten, die die Terroristen offenbar mit einem Urschrei und einem Bajonett bezwingen können. Besonders weise Beobachter sprechen dann auch von einem vielleicht eher symbolischen Akt der chinesisch-russischen Freundschaft. In den Vereinigten Staaten, da bin ich mir sicher, wird jemand vielsagend bemerken wollen, dass mit den Terroristen vielleicht die Regierung in Taiwan gemeint sein könnte.

Nach der Zeitungslektüre ist mir ganz und gar nicht gut, und ginge es nach mir, müsste ich den Tag mit Kartoffelchips vor dem Fernseher verbringen, schon allein wegen der Elektrolyte. Der Gedanke hilft natürlich auch nicht, denn der Kuchen, die Haifischflossensuppe und die einhundertdreiundneunzig Reisschnäpse vom Vortag haben in meinem Magen eine radioaktive Suppe gebildet, die meinen gesamten Blutkreislauf kontaminiert hat und nun locker in die Umwelt strahlt. Der ehemalige chinesische Botschafter in Deutschland ist der erste Experte, den wir in Shanghai zu Gesicht bekommen, er hat sich bereit erklärt die Gäste aus seiner Wahlheimat zu treffen und ohne Achtung des Protokolls offen über das Land zu sprechen. Er bekommt von der Alkoholvergiftung nichts mit, dafür echauffiert er sich auch gerade viel zu stark, denn tatsächlich nimmt er kein Blatt vor den Mund. Denn wo die Zeitungen schon von der Antiterror-Übung berichten, hält auch er es für seine Pflicht, im Kampf gegen den Terrorismus seinen Mann zu stehen. Also bellt er uns an: »Was denkt sich Deutschland eigentlich dabei, den Terrorismus zu unterstützen?«

Eigentlich bin ich kein besonderer Freund der oft windelweichen deutschen Außenpolitik, aber was damit gemeint sein soll, ist auch meinem kritischen, jedoch benebelten Geist nicht sofort ersichtlich. Das muss auch am Alkohol liegen, denn ich kann geradezu in Zeitlupe selbst mitverfolgen, wie mir allmählich klar wird, worauf der Botschafter eigentlich hinauswill. Denn, so fährt er fort, die Unruhen in Urumqi würden von religiösen Fundamentalisten angeheizt, deren Zentrum, da würde sich hier keiner auch nur das Geringste vormachen, natürlich in Deutschland liege. So ganz stimmt das natürlich nicht, eigentlich liegt deren Zentrum ja in Bayern. Und Bayern gehört so zu Deutschland, wie Urumqi zu China. Also gilt es nur so halb. Der Botschafter meint den Weltverband der Uiguren, der in München seinen Sitz hat und dessen Vertreter immer einen folkloristischen und daher zwar verrückten, aber eben auch ungefährlichen, ja unverbindlichen Eindruck machen. »Warum unterstützt die Bundesregierung eine Gruppe gefährlicher Separatisten dabei, Unruhen in ihrem Heimatland vorzubereiten?«, fragt der chinesische Botschafter erneut, nun mit noch mehr Vorwurf und umso weniger Neugier. Die Bundesregierung sieht es wohl eher so, dass die Uiguren mehr Mitspracherechte wollen, und generell demonstrieren die zwar, würden aber nichts in die Luft jagen. Und in Deutschland könne ja immer noch jeder sagen, was er will. Aber das hält der chinesische Botschafter ohnehin für ziemlich plemplem, oder wahlweise doch nur eine Nuance entfernt von der nun wirklich sehr liberalen chinesischen Haltung.

Mir gefällt es inzwischen besser, wenn die Chinesen über ihr eigenes Land reden und nicht den Deutschen wirre Vorhaltungen machen. Mit zuckenden, hastigen Bewegungen, aber dafür in fließendem Deutsch erklärt Professor Xen Yiaobao in rasendem Tempo die Lage in China, er spricht in etwa so schnell, wie die chinesische Volkswirtschaft wächst. »Verstehen Sie ja!« Yiaobao ist der zweite Experte, der uns in einem Institut oder einem Shanghaier Universitätsbau besucht – so genau weiß ich das nicht mehr, die Räume sehen eh meist ähnlich aus. Irgendwo steht die chinesische Flagge, um einen Tisch stehen tiefe Ledersessel, und Porzellanteller in den Wandregalen belegen, dass hier schon Gäste vor uns waren. China durchlaufe gerade die zweite Welle einer Reihe von Transformationsprozessen. Hatte die Volksrepublik in den 1970er Jahren den Übergang von der Plan- in die Marktwirtschaft und von der Agrar- in die Industriegesellschaft eingeleitet, so kommt seit mehr als einem Jahrzehnt auch noch der Übergang von der traditionellen Wissensgesellschaft in die moderne Informationsgesellschaft hinzu, gepaart mit einem Übergang von der Einparteienherrschaft zu, ja wozu eigentlich? Das weiß noch niemand so genau. Auch die Kommunistische Partei sei nun ratlos, denn am Puls der Menschen sie die nicht mehr so richtig dran. Bei einer Bevölkerung von 1,4 Milliarden Menschen machen 70 Millionen Mitglieder aus der Kommunistischen Partei Chinas schon lange keine Volkspartei mehr. Und irgendwie schaffe die soziale Frage indirekt längst die Systemfrage, oder wie der Professor es formuliert: »Sie sitzen jeden Tag auf einem Vulkan. Verstehen Sie ja!« Und doch sieht die Regierung in Nichtregierungsorganisationen noch immer Antiregierungsorganisationen. Weil aber die Eliten von der Situation bereits profitieren und die Entwicklungschancen nutzen können, gibt es immer weniger elitegetriebenen Druck, politische Änderungen herbeizuführen. Mit anderen Worten, was jetzt noch aus China wird, stehe in den Sternen. Erfahrungsgemäß sei es mit den Antworten da aber ja auch schwierig. »Verstehen Sie ja!«

Während der Professor in schwindelerregendem Tempo von Thema zu Thema rast, herrscht immer noch Chaos und völlige Anarchie in der Provinz Urumqi. Dort forderten nun schon seit Tagen Uiguren den chinesischen Staat heraus, fanden immer noch Polizeiautos, die sie umwerfen konnten und wirbelten Steine durch die Luft, sobald Polizisten um eine Ecke gebogen kamen. Nach so langen Gesprächen braucht es natürlich ein Dinner, um ein weiteres Gespräch zu führen, und ich habe das große Glück, dass mir eine wunderschöne junge Karrierefrau aus Shanghai gegenübersitzt, die selbst jahrelang in Amerika gelebt haben muss. Auch hier ist Urumqi selbstverständlich das Gesprächsthema Nummer eins, und in den Augen der schönen Chinesin war das, was in Urumqi geschah, natürlich ein klarer Fall von arglistigem, rücksichtslosem, menschenverachtendem Terrorismus. Auch wenn Terroristen nicht Katz und Maus mit der Bereitschaftspolizei spielen, sondern sich im Rest der Welt eher bemühen, möglichst viele Gebäude simultan zu Fall zu bringen und Forderungen meist erst danach zu stellen. Solche Einwände sind hier unangebracht und das klare Zeichen einer etwas überheblichen europäischen Doppelmoral. Um das nicht ewig vertiefen zu müssen, gehen wir gemeinsam an das Buffet und diskutieren, ob nun Roastbeef oder Garnelen den nächsten Gang abgeben sollen. Die hundertachtzig Schnäpse sind zum Glück nicht mehr zu spüren. Die vermeintlichen Separatisten in Urumqi wollen, so ich ihnen glauben sollte, etwas ganz und gar Unvernünftiges, etwas in Richtung mehr Selbstbestimmung ohne gleich wirklich einen eigenen Staat zu wollen. Und von der Einführung der Scharia träumte dort auch niemand. Der chinesische Staat liberalisiert sich zwar ein wenig, aber in genau fünf Dingen duldet er keinerlei Opposition. Die chinesische Regierung spricht bei diesen Dingen dann besonders blumig von den fünf Giften, die vom gesamten chinesischen Immunsystem auf das Härteste bekämpft werden müssten: der Separatismus der Uiguren, der Separatismus der Tibeter, der überhaupt nicht begreifbare Separatismus der Taiwaner, die irrwitzigen Ansprüche der Demokratiebewegung und der religiöse Klimbim der Falun Gong Sekte. Mit den fünf Giften erkennt auch die Führung des chinesischen Staates indirekt an, dass es vielleicht doch noch das eine oder andere, eventuell ungelöste Problem in dem aufstrebenden Riesenreich geben könnte.

Nun treffen sich all die verrückten Aktivisten und Abhängigen der fünf Gifte aber nicht in der Hauptstadt. Im Gegenteil, die Separatisten treiben sich, wie alle Separatisten auf der Welt, irgendwo am Rand des Landes herum, wo der Staat traditionell nicht so stark zu spüren ist. »Die Provinzen sind wie zerbrechliche Vasen«, so metaphorisch wie treffend umschreibt nun Li die Lage. Li war selbst einmal Dissident, ist längst rehabilitiert und berät nun auch die Regierung. Und seinen Rat zu suchen, ist wahrscheinlich das Klügste, was sie mit ihm machen konnte. In seinen Augen wird alles noch dadurch erschwert, dass das allgemein anerkannte Rezept zum Umgang mit Provinzen und Autonomiebestrebungen gerade in China nicht zu haben sei. Denn im Wörterbuch der Kommunistischen Partei gäbe es das Wort Föderalismus einfach nicht. Gerade so, als sei es im Eifer irgendeines aberwitzigen Bauprojektes vergessen worden. Überhaupt gibt das chinesische System dem Reisenden Rätsel auf, wie Li unumwunden einräumt: Der Leninismus steht noch immer in der Verfassung, wird aber von niemandem mehr ernst genommen, nicht mal von der Kommunistischen Partei. Der Glaube des Zentralkomitees an den Leninismus ist streng selektiv: Immer wenn irgendwelche Scherereien anstehen, ist der Leninismus ein besonders attraktiver Regierungsstil, der ein angemessenes Maß an undurchsichtiger Führung ermöglichte. Wenn da zum Beispiel Schulen in einem Erdbeben zusammenstürzen, weil irgendwelche kommunistischen Kader sich beim Bau der Gebäude selbst einen kleinen Bonus genehmigten, ist Transparenz natürlich wenig hilfreich.

Aber im Gegensatz zu den 1960er Jahren reicht es irgendwie auch in China nicht mehr, alles kurzerhand zum Staatsgeheimnis zu erklären. Das Wirtschaftswunder hat den Nebeneffekt, dass es in der Volksrepublik plötzlich eine Mittelklasse gibt, und die hat Appetit daran gefunden, ihre Zeit noch damit zu verplempern, der Regierung auf die Finger zu schauen. Weil das den kommunistischen Kadern nicht verborgen geblieben ist, werden althergebrachte Prinzipien auch gerne mal öffentlich über Bord geworfen. Und so meldet die *China Daily* am 24. Juli im Namen des Staates allerhand Ungewohntes: Chinesische Experten raten aus reinem Altruismus dazu, die Sanktionen gegen den befreiten Irak aufzuheben, Paare in Shanghai sollten vielleicht doch ein zweites Kind bekommen und die Stimmung im Land sei überhaupt ganz prima und nicht mehr in dieser sozialistischen Malaise gefangen, die für die Zeit des Warschauer Pakts und das China Maos so kennzeichnend gewesen sei. Schaut man nur auf die Berichterstattung in der *China Daily*, sind wir in den letzten Tagen in Sachen Völkerverständigung weit gekommen, und selbst die Unruhen in Urumqi verschwinden langsam aus den Nachrichten.

Für die Völkerverständigung gibt es noch ein anderes Problem: Das größte Problem außerhalb der fünf Gifte, auf das chinesische Militärs, Politiker und Diplomaten besonders ungern angesprochen werden, ist Nordkorea, oder wie Nordkorea sich selbst nennt: die Demokratische Volksrepublik Korea. Chinas Elite wird vor allem deshalb so ungern auf Nordkorea angesprochen, weil es von allen Bruderstaaten der ungezogenste ist und selbst die harten chinesischen Militärs nicht so recht wissen, was noch getan werden kann, um die selbstverliebte Führung in Pjöngjang zur Vernunft zu bringen. Deshalb hat die Redaktion der *China Daily* dieses schwierige Thema auch lieber auf die vorletzte Seite des Mantelteils verlegt, wo die eigentlich gar nicht existierenden Beziehungen zwischen den USA und Nordkorea etwas stiefmütterlich aufgegriffen werden. Denn Amerikas Außenministerin Hillary Clinton hatte den Vortag genutzt, um in Asien für die strikte Durchsetzung der UN-Sanktionen gegen Nordkorea zu werben.

Nordkoreas Außenministerium ist eigentlich eine große Propaganda- und Beleidigungsmaschine des »Lieben Führers«, und was immer sich am Vortag zugetragen hat, nimmt sich in der chinesischen Presse am Tag darauf, unerwartet objektiv, so aus.

Hillary Clinton: Es kann völlig normale diplomatische Beziehungen mit Nordkorea geben, wenn sich Nordkorea an ein paar einfache Regeln hält. So wäre es schön, wenn Nordkorea die ständige Drohung mit dem totalen Krieg gegen Südkorea und die Vereinigten Staaten in Zukunft unterließe, an den Sechs-Parteien-Gesprächen teilnähme und generell diese kolossal sinnlose nukleare Aufrüstung einfach aufgäbe und stattdessen das wenige Geld, über das es verfügt, in profane Dinge investiere. Lebensmittel für die Bevölkerung zum Beispiel. Nordkorea sieht die Sache naturgemäß anders: Sechs-Parteien-Gespräche gibt es nicht, solange es in den Vereinigten Staaten »eine tief verwurzelte Anti-Nordkorea-Politik gibt«, und überhaupt habe Frau Clinton »keinerlei Verstand« und sei ganz schrecklich »vulgär«. Weil natürlich niemand genau sagen kann, wie und wann die Vereinigten Staaten diese »tiefverwurzelte Anti-Nordkorea-Politik« entwickelt haben, kann auch niemand so genau sagen, wie deren Ende gemessen werden soll. Aber in Nordkoreas Paralleluniversum war es eigentlich nur ein weiteres Zeugnis der Eitelkeit des Lieben Führers anzunehmen, dass die amerikanische Asienpolitik vor allem von einer Obsession mit Nordkorea gesteuert wird. Und dann gibt die *China Daily* noch das Zitat eines Sprechers des nordkoreanischen Außenministeriums über Frau Clinton wieder, das jeden Schuft auf dieser Welt wie einen unfassbar naiven und unreifen Lokalpolitiker aussehen lässt: »Wir müssen Frau Clinton als lustige Dame betrachten, da sie so Sachen sagt und dabei die grundlegende Etikette der internationalen Gemeinschaft vergisst.«

Und wie um ebendas zu beweisen, fährt er fort: »Manchmal wirkt sie wie ein Mädchen in der Grundschule und manchmal wie ein Rentner beim Einkaufen.«

Woher die Nordkoreaner nun wissen wollen, wie ein Rentner beim Einkaufen wirkt, kann auch ich leider nur mutmaßen. So alt werden die Menschen in Nordkorea in der Regel nicht und einkaufen kann man da auch nichts. Zwischenzeitlich wurde die Lage in Nordkorea so schlimm, dass Dampflokomotiven mit alten Autoreifen befeuert wurden und die Menschen selbst Gras essen mussten. In den frühen 1990er Jahren begann eine der schlimmsten Hungersnöte der Welt in Nordkorea, und wann diese und ob sie überhaupt jemals endete, kann so genau auch niemand sagen. Selbst die Zahl der Toten ließ sich nicht einmal annähernd einschätzen, aber zwischen einer und fast vier Millionen Menschen sind in Nordkorea seit dem Ende des Kalten Krieges verhungert. Inzwischen können die Nordkoreaner daran erkannt werden, dass sie im Schnitt einfach einen Kopf kleiner sind als die Südkoreaner. Nordkorea ist sozusagen das Gegenstück zu China und demonstriert, was aus der Volksrepublik hätte werden können, hätte sie nicht den Pfad des strengen, dogmatischen Kommunismus verlassen.

Während Nordkorea sich von der Welt abschottet, hat China sich geöffnet und die Globalisierung als Chance begriffen. Das geht nicht immer so schnell, wie sich der Rest der Welt das wünscht, aber die Richtungen, die beide Staaten eingeschlagen haben, könnten unterschiedlicher kaum sein. Und die Entfremdung zwischen Pjöngjang und Peking ist in der Volksrepublik China allgegenwärtig. Selbst die Elite der chinesischen Sicherheitsapparate sieht in Nordkorea längst alles andere als einen Verbündeten, sondern eben das unerzogene

Kind, dass jeden Fortschritt in der Romanze zwischen den G-2 gefährden könnte.

Dabei ist die chinesische Lage so schon schwierig genug. Östlich vor Chinas Küste liegt das, was in China wahlweise ein Neumond oder die erste Inselkette genannt wird, eine Reihe von Inselstaaten, die Chinas Küste umgeben und die allesamt Angst vor Chinas Macht haben und die deshalb sehr darauf bedacht sind, mit den Vereinigten Staaten zu verhandeln und Washington immer öfter zum Verweilen einladen. Und deshalb liegen auf dem ganzen Neumond verteilt amerikanische Militärbasen: von Japan über Südkorea bis zu den Philippinen. Das hat auch Li erkannt und sagt: China mag ja ein erwachender Riese sein, aber dieser wacht in der Welt der Gullivers auf.

Mit Chinas Aufstieg zu einer Großmacht war das schon länger so eine Sache. Die chinesische Führung beschreibt den historisch einmaligen Aufholprozess zu den führenden Wirtschaftsmächten und die Etablierung der Volksrepublik als Supermacht gerne als friedlichen Aufstieg. Doch selbst als China sich noch gar nicht angeschickt hatte, zu einer Weltmacht zu werden, sondern nur als kommunistische Wald- und Wiesendiktatur absurde Fünfjahrespläne entwickelte, war die schiere Größe Chinas ein Problem. 1962 trafen China und Indien in einem kurzen Krieg aufeinander, 1979 schickte sich die chinesische Führung an, den kommunistischen Brüdern in Vietnam eine Lektion in Sachen Bescheidenheit zu erteilen und führte auch dort einen kleinen Krieg, weil die Vietnamesen zuvor das Regime der Roten Khmer in Kambodscha gestürzt hatten, ohne die Chinesen vorher zu fragen, ob das wohl auch in Ordnung sei. Überhaupt sind einige der blutigsten Kriege im Kalten Krieg ausgerechnet unter kommunistischen Bruderstaaten geführt worden.

Aus der Zeit stammt auch die chinesische Weisheit, dass, wenn man zwei Steine gegeneinander reibt, der größere am Ende übrig bleibt. Wer mit dem größeren Stein gemeint war, kann sich jeder in Asien denken. Aber die schiere Größe Chinas holt die chinesische Politik auch jetzt wieder ein. Denn all die kleinen Staaten um China sind, wie die chinesischen Professoren leidenschaftlich ausführen, der Volksrepublik nun so gar nicht ähnlich. Selbst Japan, immerhin der einzige Staat in Asien, der es mit China an Wirtschaftskraft auch nur entfernt aufnehmen könne, sei völlig anders. In manchen Staaten seien die Menschen sogar religiös, das sei man in China in aller Regel nicht. Alle anderen Nachbarn stünden entweder in Chinas Schatten oder seien kulturell so andersartig, dass sie sich trotz der unglaublichen Größe Chinas kaum zur neuen Supermacht hingezogen fühlten. Was sie freilich nicht aussprechen, ist, dass selbst Vietnam, immerhin irgendwie auch noch kommunistisch, ausgerechnet in den Vereinigten Staaten einen neuen Alliierten sucht, um das absolute chinesische Übergewicht in der Region zumindest ein wenig auszubalancieren. Denn die unschöne Seite an Chinas rasantem Aufstieg zur Weltmacht ist, dass die chinesische Regierung Geschmack an völlig irrealen Territorialansprüchen gefunden hat. Vietnam zum Beispiel ist ja eher ein schmaler Küstenstreifen am südchinesischen Meer als ein Land, das durch sein tiefes Hinterland besticht, und die kommunistischen Genossen in Hanoi finden es daher eher befremdlich, dass die Genossen im Norden nun das ganze südchinesische Meer für einen Teil Chinas halten, nur weil da vor ungefähr sechshundert Jahren mal ein Chinese auf Entdeckungsreise durchgesegelt ist. Im Prinzip lässt sich das außenpolitische Dilemma der Volksrepublik auf eine einfache Formel bringen. Die schwachen Staaten um China herum waren und werden immer schneller zu schwierigen sicherheitspolitischen Problemen, Laos, Burma, Nordkorea bereiten der Volksrepublik immer mehr Kopfschmerzen. Die stärkeren Staaten, mit größerem wirtschaftlichen Potential, wenden sich mit ihrem eigenen Aufstieg besonders schnell von China ab.

Hier nun war das Dilemma, wie auch Li es sieht: Wenn ein Staat zerfällt, dann beginnt das meist am Rand des Staates. Dort, wo die Regierung nicht nur gefühlt weit weg ist. Wo jeder Apparatschik nicht wie ein Heilsbringer aus dem Zentrum, sondern wie ein Eindringling wahrgenommen wird. Wo die Gewinner des wirtschaftlichen Aufstiegs nicht nur als glücklich, sondern auch als Symptome eines ungerechten Systems angesehen werden. Mit anderen Worten: dort, wo ein besonderes Maß an Vernunft herrscht. Also an Orten und in Regionen wie Urumqi. An Orten, in denen allein wirtschaftliches Wachstum dem Staat ohnehin nicht helfen wird.

Bei all den Sorgen wünschen ich und meine Delegationskollegen wieder einen folkloristischen Ausflug, schließlich kann nicht den ganzen Tag das Für und Wider einer kommunistischen Einparteiendiktatur besprochen werden. Vielleicht gibt es noch irgendwo ein Tsingtao. Wir wandern durch die Straßen Shanghais, in denen es schwül, stickig und dicht ist. Thomas Fowler hätte einen solchen Tag auf der Terrasse des Continentals in Saigon verbracht und seinen Tee getrunken, bis ein etwas naiv wirkender und am Ende doch stiller Amerikaner sich vorstellen würde. Und tatsächlich gibt es auch in Shanghai noch Stadtteile, die wie Saigon in den 1960er Jahren wirken, auch wenn auf der Straße schon ein Dutzend schwarzer Limousinen aus Wolfsburg steht. Und plötzlich, zwischen modernen Häuserschluchten, gewagten, architektonischen Stilbrüchen, globalisierten Fußgängerzonen taucht eine Reihe Kirschbäume auf, und dann waren da ein paar dunkle, alte Steinbauten, gerade einmal ein Stockwerk hoch, und das in einer Stadt, in der sonst ganze Viertel neuen Luxushotels und Bürotürmen weichen müssen. Hier ist die Kommunistische Partei Chinas 1921 gegründet worden. In dem Gebäude ist heute natürlich ein Museum, das an ein Dutzend Funktionäre und Mao erinnert, auch wenn der große Vorsitzende selbst da eigentlich in der Kommunistischen Partei noch keine große Rolle gespielt hat. Im gleichen Gebäude ist jetzt ein Starbucks-Café, doch die ungeheure Ironie dieses Ensembles entzieht sich den kommunistischen Kadern irgendwie. Mein Herz hingegen lacht bei dem Gedanken, dass der Kapitalismus selbst in das Gebäude der einzig verbliebenen, noch mächtigen Kommunistischen Partei eingezogen ist. Ich wollte unbedingt einen Cappuccino Venti und einen Orangen-Smoothie vom multinationalen Liebeskonzern, aber für derlei Sperenzchen blieb keine Zeit.

Denn wir nutzen den Nachmittag zu einem letzten Gespräch mit chinesischen Aktivisten. In China hat sich ein Streit entwickelt, der nicht nur seines vermeintlichen Gehalts wegen unsere volle Aufmerksamkeit verlangt: Es geht um Pornographie. Angeblich. Hier demonstriert die chinesische Gesellschaft die ganze Doppelbödigkeit ihrer gerade entstehenden Diskussionskultur. Die Regierung hat den so unkonventionellen wie durchschaubaren Vorschlag gemacht – also angeordnet, dass alle Computer in Zukunft automatische Sperren erhalten sollten, damit die Regierung verhindern kann, dass Kinder schrecklichen pornographischen Inhalten ausgesetzt werden. Die Internetnutzer haben nun die völlig aus der Luft gegriffene Idee, die Internetpolizei könne da auch noch alles andere kontrollieren. Ja vielleicht, so vermuten einige, ist überhaupt das ganze Ziel des Regierungsmanövers die Kontrolle des Politischen und die Sorge um die Verbreitung von Pornographie nur vorgeschoben. Aber weil keine Seite diesen Streit offen austragen kann, ist ein eigenartiges Spiel entstanden, in dem beide Seiten sich kleiner Ausreden bedienen, um ja nicht den eigentlich Konflikt ansprechen zu müssen, der, wir vermuteten es schon, sich eigentlich um die Meinungsfreiheit in der Volksrepublik dreht. Und das geht so:

Die Regierung: Der Schutz unschuldiger Kinder verlangt die Kontrolle des Internets.

Dechiffriert: Irgendwer muss die Opposition kontrollieren, am besten wir.

Die Opposition: Kontrollen und Sperrungen schaden der Wirtschaft.

Dechiffriert: Die Kontrolle schränkt die politische Freiheit ein, und das finden wir nicht so gut.

Nun sind solche Chiffren kaum etwas Besonderes, auch die meisten Chinesen können für solche politischen Streitereien in ihren Ehen trainieren. Mich beschleicht dennoch der Verdacht, es könne sich um einen Eiertanz handeln. Einzigartig war dieser Streit vor allem, weil die kommunistische Partei am Ende nachgegeben hat und ihre Pläne zur Kontrolle aller Computer aufgab. Und so gehen selbst die chinesischen Politikberater davon aus, dass Historiker dieses Einknicken der chinesischen Regierung einmal als wichtigsten Einschnitt in der jüngeren chinesischen Geschichte sehen könnten, die chinesische Gesellschaft diese Episode gar als Beginn einer tatsächlichen Demokratisierung erinnern könnte.

Ein Jahr nachdem wir die Volksrepublik wieder verlassen hatten, sieht es freilich ganz anders aus: Der Staat hat zurückgeschlagen, den Künstler Ai Wei Wei verhaftet und andere Intellektuelle festgesetzt. Vor allem die Unterzeichner der Charta 08 sind in das Visier des Staates geraten. Es ist vielleicht der klassische Avanti-Schritt, in dem sich die Volksrepublik liberalisiert: zwei Schritte vor und einer zurück. Aber irgendetwas ist da in Bewegung geraten, und das ist auch besser so, denn wenn China sich nicht öffnen und liberalisieren sollte, sind auch drei Jahrzehnte westlicher Kooperation mit der Volksrepublik eine Strategie für das historische Abseits.

Und da hat Zhu sein Leib- und Magenthema plötzlich wieder, denn die große Preisfrage war immer noch nicht beantwortet: Was nur wird aus dem Verhältnis zwischen der chinesischen Bevölkerung und der Kommunistischen Partei? Zhu hatte das während unseres letzten Treffens auf eine bemerkenswerte, bestechende Formel gebracht:

Zhu (nach reiflicher Überlegung): »Erstmals in der Geschichte Chinas wird der Teil ›Partei‹ im Namen der Kommunistischen Partei positiv bewertet.«

Und wo die Kommunistische Partei nur noch irgendeine Partei ist, da müssen auch noch andere Parteien sein. Die Betonung von ›Partei‹ drückt eine alte Weisheit aus: Zum Streit braucht es immer zwei. Und da liegt er plötzlich offen vor uns, der Weg, den China bislang beschritten hat. Trotz all der Potemkinschen Dörfer, trotz all der Rückschläge, der Versuche, das Internet zu kontrollieren und die Meinungsfreiheit nicht ausufern zu lassen – die pluralistische Gesellschaft ist schon da, sie hat sich nur noch nicht formiert. Das chinesische System steht schon lange an einem Abgrund, und für den Moment mag es noch innehalten, gefangen sein vom bestechenden Ausblick. Doch ob es in den Abgrund stürzen oder ob es von seinen Bürgern zurückgezogen würde, liegt nicht mehr in der Hand der Kommunistischen Partei allein.

Auf der Suche nach dem Heiligen Land – mit Waffenhändlern an der Bar

Israel, Oktober 2009

Seit einer ganzen Weile zähle ich einen israelischen Politikprofessor zu meinen Freunden, der mir einst auf einer NATO-Konferenz in Bratislava begegnete und mir seither mal blumig, mal nebulös versprach, mich irgendwann nach Israel einzuladen. In Bratislava hatte ich um acht Uhr die erste Panel-Diskussion besetzen und über die Zukunft der NATO sprechen müssen, und ich war selbst kaum in der Lage wach zu bleiben. Während meines Vortrages hatte er den Kopf in seine Hand gelegt, die Brille vor seinem Hemd herumbaumeln lassen und dann die Augen für sehr lange Zeit geschlossen. Nachdem die letzten Worte gesagt waren, trat er offensichtlich recht ausgeruht an mich heran, lobte meine zuspitzenden Worte und trank mit mir eine Tasse schlechten Instantkaffee und aß ein paar Blätterteigtaschen, die unser Frühstück ersetzten. Dabei fielen die verhängnisvollen Worte: »Komm doch mal nach Israel.«

Zu meiner eigenen Überraschung ließ er seinen Worten dieses Jahr Taten folgen, was insofern einen schönen Kontrast zu meinem Leben bot, als dass dort, wie jeder Seitensprung aufs Neue bestätigte, normalerweise Taten Worte folgten. Mein Freund schätzte meine Vorlieben völlig richtig ein und schickte mir eine Einladung zum Jahreskongress der internationalen Geheimdiensthistoriker an der Bar-Ilan-Universität in Ramat Gan bei Tel Aviv. Dort solle ich, so lautete es in der Einladung, etwas zur demokratischen Kontrolle von Nachrichtendiensten in Afrika berichten. Und wann immer jemand mir einen Flug und ein Hotelzimmer spendiert und im Gegenzug nur einen kleinen Vortrag wünscht, bin ich bereit, mich augenblicklich zum Check-in chauffieren zu lassen. Ohne also den Terminkalender großartig zu konsultieren, hatte ich die Einladung auch schon angenommen.

Überhaupt hatte ich gerade verstanden, dass eine gesunde Mischung aus Selbstsucht und Anmaßung Teil jener Inkompetenzkompensationskompetenz war, die die ständig wieder hervortretende Willkür des Lebens gerade so erträglich macht, und deswegen Einladungen niemals ausgeschlagen werden dürfen.

Außerdem wollte ich natürlich wissen, was es mit den Geheimdiensthistorikern so auf sich hatte. Immerhin hatten es die Angehörigen dieser Berufssparte verstanden, ihre Präsenz sehr erfolgreich vor mir geheim zu halten. Unterschwellig verband ich mit der Reise wohl auch die Hoffnung, die Bekanntschaft mit einer besonders heißen israelischen Geheimdiensthistorikerin zu machen, die mich in die Welt der Geheimen einführen, mir leidenschaftliche Nächte versprechen und das zarte Gift der Sehnsucht in meine Venen injizieren würde. Es ließ sich nicht länger leugnen, ich hatte auch noch Fernweh. Ich freute mich folglich wie Bolle auf den Flug, den Gin Tonic an Bord und die Luft eines bis dato noch nicht betretenen Ortes.

Der Springbrunnen in der Halle des Ben-Gurion-Flughafens ist das erste Indiz dafür, dass Israel wirklich zu einer Oase im Mittleren Osten geworden ist. Überall stehen Blumentöpfe, aus denen das Leben nur so sprießt, plätschern Springbrunnen und wird Obst feilgeboten. Kurz: Israel scheint ein grünes Land zu sein. Nun reist niemand nach Israel, ohne zumindest für einen Bruchteil einer Sekunde an den eigenen Tod durch die Hände eines Terroristen zu denken. Für ein Land, das vor wenigen Jahren noch regelmäßig Selbstmordanschläge erlebte, überrascht die Sicherheit, mit der auch hier die Architekten riesige Glasfassaden entwerfen. Und wer sieht, wie gelangweilt die meisten Wachleute über die öffentlichen Plätze, den Flughafen oder durch Einkaufszentren schlurfen, dessen Sorgen verfliegen sofort. Nun, wo, je nach politischer Windrichtung, der Zaun oder die Mauer zum Westjordanland gebaut worden war und jeder potentielle Terrorist durch eine Sicherheitsschleuse muss, kommt es in Israel nicht mehr zu Selbstmordattentaten und sind selbst öffentliche Busse sicher geworden. Zumindest am Flughafen wirkt daher auch alles sehr gelassen und ruhig. Die gelangweilte Beamtin am Einreiseschalter ist mit meiner Einreisebegründung – »ähm, Konferenz« – auch sofort zufrieden, schaut mich nur einmal so an, als würde sie in meinem Gesicht irgendeine Bestätigung suchen, und stempelt dann mit einer über Jahre der Untätigkeit angestauten Frustration meinen Pass. Keine Nachfrage, keine Skepsis. Der mangelnde Enthusiasmus der Sicherheitsleute für ihren Job lässt, je nach Geschmack, eine ungemeine Ruhe erahnen oder ein beängstigendes Maß an Professionalität. So ist es auch im Hotel, in dem ich untergebracht bin, wo der schwerbewaffnete Wachmann weniger auf Terroristen achtet, als auf die jungen, überaus attraktiven israelischen Schwimmsportlerinnen, die im Pool nebenan die sogenannte

Sonnenseite des Lebens genießen und mal zu Cocktails greifen oder elegante, delfinhafte Sprünge in den Pool vollführen.

Die Obsession mit der Sicherheit nimmt trotz der allgemeinen Gelassenheit surreale Züge an: Die Briten zum Beispiel hängen ihre Stromkabel gerne locker über die Dächer ihrer Städte, in Israel hängen die Stadtverwaltungen Stromkabel vernünftigerweise an Metallmasten viele Meter über der Erde. Die Briten vertrauen darauf, dass schon nichts schiefgehen wird, während hier gelbe Schilder an jedem einzelnen Mast warnen: »Danger of Death.« Das wirkt auf mich sehr beruhigend; entweder hat die israelische Regierung es mit den Sicherheitsvorkehrungen aus Gewohnheit oder Manie etwas zu weit getrieben oder israelische Kinder spielen noch häufiger an den Stromleitungen herum als in Großbritannien, wo das naturgemäß absolut niemanden kümmern würde.

Den Flug nach Israel hatte ich mit einem ehemaligen Admiral der deutschen Marine antreten sollen, mich aber beim Check-in noch als gewöhnlicher Reisender getarnt gehalten. Einmal in Tel Aviv angekommen, lässt sich das Zusammentreffen nicht länger vermeiden, und es ist erwartungsgemäß fürchterlich: Der pensionierte Admiral spricht mit mir, als wäre ich Grundschüler, und erklärt mir in herablassendem Tonfall, dass es in Teilen Somalias regierungsähnliche Strukturen gibt. Das ist natürlich nett von ihm, nur habe ich bei unserer Vorstellung keine fünf Minuten zuvor gerade erklärt, dass ich zu den vier oder fünf deutschen Somalia-Experten zähle. Da seine Frau Rüschenblusen trägt und er sich für das Tragen pastell- und fleischfarbener Fliegen in geschickter Kombination mit hellblauen oder senfgelben Sakkos entschieden hat, meide ich seine Gesellschaft fortan aus Angst, die Israelis könnten mich für einen Verrückten halten. Seine Frau scheint das willkommen zu heißen und jede männliche Gesellschaft unter vierzig Jahren für eine unerträgliche Aufdringlichkeit zu halten. Sie ist von jener Generation, der der demographische Wandel nicht schnell genug gehen kann und für die jugendliche Gesellschaft nur ein Indiz für die allgemeine Verrohung der gesellschaftlichen Zustände ist. Ich registriere mit Genugtuung ihren entsetzten Gesichtsausdruck, als ich mich ebenfalls in das Fahrzeug quetsche, das sie für ihr exklusives Gefährt gehalten hat. Jetzt reiben sich unsere Körper in der heißen Oktoberluft Tel Avivs aneinander. Und das allein, weil ihre königliche Garderobe kaum Raum für Passagiere lässt. Ich bin kaum aus dem Flugzeug heraus und sehne mich nach der Hotelbar und dem breiten Sortiment israelischer Biere.

Die Teilnehmerliste kündigte auch das Kommen der Chefhistoriker der amerikanischen Nachrichtendienste an, und selten zuvor empfand ich die bevorstehende Konfrontation mit amerikanischen Geheimdiensten als eine Erleichterung.

Um den Pastell-Admiral nicht treffen zu müssen, nehme ich mir am ersten Abend in Tel Aviv ein Taxi und fahre an die Strandpromenade. Es ist auch am späten Abend noch extrem heiß, und auf der Promenade herrscht so etwas wie eine – um mal eine leere Phrase aller internationalen Korrespondenten zu nutzen – angespannte Ausgelassenheit. Irgendwo spielt ein Violinen-Quartett unter freiem Himmel, Frauen haben sich hier und da zu einem Palaver zusammengefunden, vermeintliche Künstler bieten Kunstwerke an, die selbst abstrakt nichts zeigen, wieder andere vollführen Kunststücke, deren akrobatischer Gehalt selbst für mich wenig beeindruckend ist, und ich komme mit meinen Händen nicht mal an meine Füße, wenn ich mich nach vorne beuge. Am Ufer steht die Botschaft der Vereinigten Staaten, die ungefähr so heruntergekommen wirkt wie die irakische Botschaft in der ehemaligen DDR. Tel Aviv ist ansonsten vor allem beeindruckend unspektakulär, und das nicht nur im Vergleich zu Berlin oder Beirut, sondern auch zu Hamburg oder Kiel. Die Straßen sind auch am Abend verstopft, die Autos leuchten im Licht der vielen Werbeanzeigen, und ein wenig sieht es aus, wie Miami oder Los Angeles bei Nacht aussehen müssen: Menschen in Polohemden schlendern über die Boulevards, immer wieder tauchen Hochhäuser in der hellen Nacht auf, und Fast-Food-Ketten werben um Kunden. An der Promenade gehe ich dann auch direkt zu McDonald's und versuche den Burger auf Hebräisch zu bestellen. Schon nach wenigen Sekunden referiert der Mitarbeiter der Fast-Food-Kette das Angebot auf Englisch.

Der arabisch-israelische Taxifahrer, mit dem ich zurück ins Hotel fahre, nimmt sich die Zeit, mein Hebräisch aufzupolieren. So beginne ich endlich den hebräischen Diminutiv zu verstehen. Und dann kommen wir doch noch auf Politik zu sprechen. Dazu stellt mein Fahrer das Meter aus und fährt, wie mir scheint, einen besonders großen Bogen, um nach Ramat Gan zu kommen. Menachim Begin, erklärt er nun, sei der größte israelische Premier überhaupt gewesen, und fortan weigert er sich strikt, darin irgendeine Ironie zu sehen. Irgendwie ist in Israel alles in bester Ordnung. Außer der Sache mit dem aktuellen Premierminister. Ehud Olmert, so der mitteilungsfreudige Taxifahrer, sei doch eher ein Nichtsnutz, und beim Bau der ersten Jerusalemer Straßenbahn habe er sicher noch ein paar Groschen für sich abzwacken können. Der Taxifahrer hat meine Verwirrung so weit getrieben, dass ich ihm, einmal am Hotel angekommen, ungezählte Schekel in die Hand drücke und mich entschließe, das soeben Erlebte an der Hotelbar mit einem Bier herunterzuspülen. Und dort angekommen, nenne ich eine Raumnummer und erhalte im Gegenzug ein Maccabi auf den Tresen gestellt, und schon zwei Sekunden später hat der Barmann sein Interesse verloren und schaut die Sportsendung, die vom Bildschirm an der Decke flackert.

In der Bar ist es eigenartig leer, weder der Admiral und dessen Frau lassen sich sehen noch irgendeine der von mir heiß erwarteten Geheimdiensthistorikerinnen mit wallenden schwarzen Locken. Stattdessen wirkt die Hotelbar trotz des Maccabi eher ernüchternd, es könnte auch das Holiday Inn in Kiel sein statt das Vier-Sterne-Hotel in Ramat Gan.

Am folgenden Tag beginnt die Konferenz mit großem Tamtam. Erstaunlicherweise scheinen die wenigsten Teilnehmer tatsächlich Historiker zu sein. Stattdessen führt die Konferenz vor allem Wissenschaftler zusammen, deren Arbeit mit dem aktuellen Tun von Nachrichtendiensten meist nur bedingt, gelegentlich nicht einmal peripher zu tun hat. Ein amerikanischer Kollege erklärt umständlich, wie Ho Chi Minh während des Zweiten Weltkrieges von der Vorläuferorganisation der CIA angeheuert worden war und zwecklose Meldungen über japanische Besatzungstruppen in Indochina nach Washington kabelte, ein israelischer Historiker erzählt atemlos von den Wandlungen des iranischen Geheimdienstes seit der Revolution, und der fleischfarben gekleidete Admiral aus Deutschland gibt Plattitüden zur SPIEGEL-Affäre von sich. Und dann erklärt der Chefhistoriker der CIA, was alle wissen, nämlich was die CIA eigentlich macht. Der Chefhistoriker der CIA sieht aus wie eine zu etwas klein geratene Version Captain Picards. Offensichtlich scheinen die verschiedenen Teile der Konferenz nicht aufeinander abgestimmt zu sein.

Da niemand daran gedacht hat, den Teilnehmern der Konferenz irgendein Thema an die Hand zu geben, kann ich strenggenommen auch nichts verpassen, wenn ich die Konferenz kurz verlasse. Vor dem Konferenzgebäude gibt es israelisches Gebäck, und ein kurzer Streifzug über den Campus der Bar-Ilan-Universität verrät, dass dieser ausschließlich aus gestifteten Denkmälern, Beeten und Gebäuden besteht. Ansonsten bestechen vor allem der exakt gemähte Rasen, die schönen Studentinnen, die auf dem Rasen bestimmt das gerade Gelernte diskutieren, und der abstrus geformte Aussichtsturm, natürlich wieder von sonst wem gestiftet. Die Automaten bieten hier gleichermaßen Pepsi und Coca-Cola an und scheinen selbst am Schabbat zu funktionieren. Der einzige in Israel ausgetragene Glaubenskrieg scheint der zwischen Maccabi und Goldstar-Bier zu sein. Zum Mittagessen gibt es Humus und Falafel, und ich folge dem Chefhistoriker der CIA und seinen Kollegen und bestelle jetzt ein Goldstar-Bier.

Überhaupt der Schabbat: Im Hotel fahren alle Fahrstühle, aber für den Schabbat gibt es noch einen zusätzlichen Lift für gläubige Juden, der mit Energie betrieben wird, die das Hotel angeblich extra vor dem Schabbat in Batterien sammelt. An der Hotelbar scheinen am Schabbat nur Ungläubige Gin Tonic oder Maccabi zu bestellen, aber wirklich gläubige Juden habe ich an der Hotelbar ohnehin noch nie gesehen. Der Barmann stellte aber alles mit einer Routine auf den Tisch, die in ihrer Indifferenz für den Gast wieder etwas Halt schafft. Das mit dem Schabbat scheint auch er für Quatsch zu halten.

Die Konferenz indes plätschert auch am folgenden Tag locker vor sich hin und vermeidet dabei jede Art inhaltlichen Höhepunkts. Da die Vorträge auf den Panels weiterhin keinerlei Bezug zueinander haben, geraten die Fragerunden in ein wildes Geplauder der verschiedensten Nischen. Wie sollte auch ein vernünftiger Bogen geschlagen werden, wenn der erste Redner am Nachmittag über das Versagen der israelischen Geheimdienste spricht, den Jom-Kippur-Krieg vorauszusagen und der nächste Sprecher die Rolle der amerikanischen Luftwaffe im Katanga-Konflikt thematisiert. Da gibt es wenige Verbindungen, die sich von Natur aus anbieten. Ich bin inzwischen so weit, dass ich gar nicht mehr versuche, alles zu verfolgen, und in der randomisierten Themenauswahl gibt es so immerhin genügend Möglichkeiten für selbstgewählte Pausen.

Dabei begann die Konferenz eigentlich mit einer richtigen Enttäuschung. Der FBI-Chefhistoriker sollte und wollte auch kommen, war aber gezwungen kurz vor Beginn abzusagen, da er kein Visum bekommen habe. Shlomo, der die undankbare Aufgabe hat, zwei Dutzend eitle und anmaßende Wissenschaftler zu versorgen, wies ihn noch darauf hin, dass die Visapflicht für Amerikaner 1948 abgeschafft worden sei, verkneift sich aber die Frage, ob das nun mehr über die nachrichtendienstlichen oder die geschichtswissenschaftlichen Fähigkeiten des Kollegen aussagt. Nicht dass die amerikanischen Nachrichtendienste im letzten Jahrzehnt besonders geglänzt hätten. Sein Fernbleiben ist ein Verlust, denn so bleibt als amerikanischer Vertreter vor allem David, der Chefhistoriker der CIA. Auch nach zwei Konferenztagen scheint es noch immer so, als sei seine Aufgabe vor allem das Verwalten der Geschichtsbürokratie sowie das Aufstellen umständlicher behördlicher Diagramme. Sein Kollege aus dem amerikanischen Militärgeheimdienst macht das offenbar ganz anders, denn dessen Hautfarbe und Kleidung legt nahe, dass er seine Zeit vor allem in der Karibik auf den Spuren von Hunter S. Thompson verbringt. Dies gibt er nach dem ersten Bier auch unumwunden zu: »Wenn man schon Geschichte betreibt, dann doch wenigstens da, wo es schön ist.« Und so schreibt er wohl seit Jahren an seinem eigenen Rum-Tagebuch. Was für ein Glück für uns, dass bereits nachmittags wieder Maccabi ausgeschenkt wird.

Mein israelischer Freund hat indessen eine halbwegs ernste Miene aufgesetzt, was nur bedeuten kann, dass er etwas im Schilde führt. Seit Jahren leitet er das Institut für strategische Studien an der Bar-Ilan-Universität, und dorthin lud er, kurz nachdem auch die meisten Israelis von Ehud Olmert genug hatten, Benjamin Netanjahu ein. Der bekannte sich dort zur Zwei-Staaten-Lösung, freilich »im Prinzip«. Wobei »im Prinzip« schon meint, dass es einen palästinensischen Staat geben soll, nur eben nicht so umgehend. Mein Freund nennt ihn zärtlich Bibi und hat wohl einen gewissen Einfluss auf den neuen Ministerpräsidenten. Erst neulich hat er eine Studie veröffentlicht, die den vielsagenden Namen »Vom Aufstieg und Fall der Zwei-Staaten-Lösung« trägt, in der er auf nicht ganz so subtile Weise dafür plädiert, den Gaza-Streifen den Ägyptern aufzudrängen und das Westjordanland den Jordaniern aufzuschwatzen. Natürlich sind die Ägypter nicht wahnsinnig genug, um sich den Gaza-Streifen freiwillig ans Bein zu hängen, und in Jordanien löst die Idee bald das Westjordanland verwalten zu müssen auch nicht gerade einen Sturm der Begeisterung aus. Denn Jordanien wäre dann plötzlich selbst ein palästinensischer Staat, und das konnte sich der jordanische König beim besten Willen nicht vorstellen und schon gar nicht wünschen. Die Studie hatte er in alle Konferenzmappen legen lassen, und sowohl David von der CIA als auch sein Kollege vom Militärgeheimdienst hatten zuerst angenommen, der Titel sei irgendwie ironisch gemeint.

Aber irgendwelche pragmatischen Einwände wischt mein israelischer Freund gern hinweg. Eine Zwei-Staaten-Lösung schaffe ja nur einen weiteren zerfallenen Staat, schlimmer noch, einen Staat, der bereits zerfallen sei, bevor er überhaupt zustande komme. Dass sich diese Idee einer solchen Popularität erfreue, sei auch nur ein weiteres Zeichen für den nicht mehr aufzuhaltenden Zerfall der Welt. Dann dreht sich plötzlich alles um einen Militärschlag gegen den Iran. Mein israelischer Freund hat auch da eine Meinung: Ein Militärschlag wäre gar nicht so schlecht. Was könne da schon schiefgehen? Die Welt verachte die Vereinigten Staaten und Israel doch sowieso, treffen könne man das iranische Nukleargedöns schon, und am Ende seien doch eh wieder alle erleichtert, dass sich überhaupt jemand gekümmert habe, der dafür auch gleich wieder moralisch angeklagt werden dürfe.

Darauf konnte nur ein weiterer Abend an der Bar folgen. Zumindest dort sah ich meine amerikanischen Kollegen erstmalig das Bier überspringen und direkt zum Gin Tonic übergehen.

Wie auf allen Konferenzen, oder vielmehr wie überhaupt immer im Leben, geschieht das Interessanteste genau dort, an der Hotelbar. Dort ist es mittlerweile später Abend und ich trinke inzwischen mit Philip, einem ehemaligen australischen Waffenhändler. Der könnte ein exaktes Ebenbild von Donald Sutherland sein, trinkt schneller Scotch, als ich bestellen kann, und beginnt schon kurz darauf zu berichten, welche Waffensysteme in Südostasien gerade gebraucht werden. Anscheinend trocknet der Markt für gepanzerte Truppentransporter und Handfeuerwaffen nie aus. Dann witzeln wir mit Phil, einem englischen Geheimdiensthistoriker, der irgendwo bei London unterrichtet. Phil spricht nach dem vierten Maccabi (endlich ein Glaubenskrieg, der durch Gewohnheit entschieden wurde) davon, dass er eine enorme Sammlung von Filmen zum Kalten Krieg und zu Nachrichtendiensten unterhält und diese nicht alphabetisch oder autobiographisch, sondern nach relativem Realismus sortiert hat. Dann verliert er sich in Details zu einer Geheimdienstserie aus den sechziger Jahren, die nach drei Staffeln eingestellt worden war und deren Schöpfer in einem ungeklärten Flugzeugabsturz über Alaska einen sehr plötzlichen Tod gefunden hatte. Es handelt sich um »Sandbaggers«, eine tatsächlich großartige Serie, wie ich viele Woche später dank der BBC herausbekomme. Der australische Waffenhändler berichtet von Geschäften in Laos und auf den Philippinen, gibt aber zu bedenken, dass es sich im Ruhestand besser lebe und das Unterrichten an einer Universität unerwartete Erfüllung biete. Die dort geschlossenen menschlichen Kontakte seien irgendwie netter.

In diesen Momenten sind die Konflikte weit weg, Iran eine Sorge für morgen und die Palästinenser eine Sorge von gestern. Und ebendarum stellt der Barmann eine weitere Runde Maccabi auf den Tresen.

So geht ein Abend nach dem anderen an der Bar verloren, und die Konferenz neigt sich ihrem unausweichlichen Ende zu. Selbst die schönen Mädchen am Nachbarpool sind irgendwie verschwunden, ohne dass irgendwer sagen könnte, wohin. Aber mein israelischer Freund und seine Kollegen haben sich fest vorgenommen, uns nicht einfach noch eine weitere Konferenz voller Wissenschaftler zu bieten, deren letzte Veröffentlichung schon ein paar Jahre zurückliegt und die jetzt in der Geheimdienstgeschichtsnische ausharren. Sie laden uns auf eine, wie sie es anpreisen, »strategische Bustour« durch Jerusalem ein, die ein besonderer, krönender Abschluss für unsere Konferenz werden soll. Tatsächlich verdanke ich es dieser wunderbaren Tour, weder den Tempelberg, die Klagemauer, die Al-Aksa-Moschee noch sonst irgendein anderes religiöses Monument gesehen zu haben. Das ist bemerkenswert, wo doch beide Konfliktparteien prinzipiell verhandeln wollen, nur nicht über die heiligen Stätten in Jerusalem. Und jede Strategie für den Frieden in der Region irgendeine Regelung (egal welche) für die vermeintlich heiligen Stätten würde beinhalten müssen. Kann es da wirklich Orte geben, die von größerer strategischer Bedeutung sind?

Genaugenommen ist die »strategische Bustour« die Militär-/Geheimdienst-Nerd-Tour. Und wir bekommen fast ausschließlich Sonne, Sand, Steine und Beton zu sehen. Schon auf der Fahrt nach Jerusalem erklärt mein israelischer Freund in einem einzigen, hastigen Atemzug, dass die Israelis gar keine Lust hätten, die Palästinenser auf immer und ewig zu regieren. Sie seien ja keine Kolonialisten und hätten selbst genug Probleme. Sollten die Palästinenser einmal einen eigenen Staat erhalten, dann würden die Wachtürme zur linken und rechten Seite jede Bewegung der Palästinenser genau wahrnehmen. Überhaupt könne man von dort praktisch in das ganze Autonomiegebiet schauen, und in den Türmen müsse dafür nicht mal mehr jemand sitzen. Dann holte er wieder seine Ideen aus dem Aufstiegs- und Fallthesenpapier zur Zwei-Staaten-Lösung heraus und gab etwas zu den israelischen Siedlungen zu bedenken: Es sei doch gar nicht zu verstehen, warum der palästinensische Staat judenrein sein solle. Was natürlich stimmt, nur eben verwischt, dass die Siedlungen ja nicht gebaut werden, um aus dem zukünftigen Staat der Palästinenser eine pluralistische Gesellschaft zu machen.

Frieden mag in einer Generation erreichbar sein, Vertrauen ist offenbar noch ein ganzes Stück weiter weg. Die Straße nach Jerusalem selbst ist einer der Korridore in die Stadt, die im Oslo-Abkommen verhandelt worden waren. Die Autobahn ist daher israelisches Hoheitsgebiet, rechts und links davon liegt das Gebiet, das einmal den palästinensischen Staat ausmachen soll. Das ist bemerkenswert, denn die Schnellstraße ist umgeben von kleinen Tannenwäldern und sieht dem Zonenrandgebiet bei Braunschweig im Hochsommer nicht unähnlich. Überall ist Tannöd. Der palästinensische Staat wie eine noch langweiligere Version von Rheinland-Pfalz. Wenn das keinen Frieden schafft, dann weiß ich auch nicht.

Unser Bus hat das erste Ziel der Tour gerade erreicht: die Grabstätte irgendeines Heiligen, der auf alle Religionen großen Einfluss gehabt haben soll, die in diesem Teil der Welt entstanden sind. Um diesen Tempel überhaupt erreichen zu können, muss der Reisebus gefährlich lange auf einer kleinen, staubigen Straße hin und her rangieren, und die paar Olivenbäume wirken nicht so, als würden sie den Sturz des Busses auffangen, sollte er die knappe Böschung hinabrutschen. Wer genau der Heilige war, der hier begraben liegt, und welche Bedeutung er hatte, wird aber nicht weiterverfolgt oder von mir umgehend vergessen. Es ist wie immer auf solchen Reisen, alles hört sich so konzis und gewichtig vorgetragen an, dass ich meine eigene Bereitschaft zum Vergessen vergesse. Denn das ist ja überhaupt das Dilemma im vermeintlich heiligen Land. Immer können alle mit allem irgendwas anfangen. Ich kann mich des Eindrucks nicht erwehren, dass eine größere konsuminduzierte Gleichgültigkeit den größten Schritt für den Frieden bedeuten könnte. Inzwischen ist es schon wieder so heiß, dass ich bereue, nicht noch ein Maccabi als Wegzehrung mitgenommen zu haben.

Auch hier oben auf dem Hügel scheint die größte Gefahr von den Stromleitungen auszugehen. *Danger of Death.* Schon auf der Busfahrt durch Sand, Stein und Sonne hatte sich CIA-David vorgebeugt und gefragt, ob sich die Leute denn gar nicht veräppelt gefühlt hätten, als man ihnen erzählt habe, das hier sei das Heilige Land. Wie sollte denn dies das Land von Milch und Honig sein, wenn es doch noch nicht mal genug Wasser für alle gibt. Hier also stehen wir auf dem Dach irgendeines Tempels, rechter Hand Ramallah, geradeaus Jerusalem und links die Siedlungen. Erst ein Haufen grauer, trostloser Betonhäuser, dann ein paar zusammengewürfelte ockerfarbene Häuser mit Ziegeldächern. Dann wieder ein Klumpen Waschbeton, dann wieder ein Fächer senfgelber Ziegeldachhäuser. Während mein israelischer Freund erklärt, dass die israelischen Siedlungen hier ein Schutz für Jerusalem sein sollen, schauen wir anderen uns alle betroffen an. Inzwischen haben die Amerikaner und ich uns in einer kleinen Gruppe zusammengefunden und teilen die heutigen Erfahrungen. Irgendwann sagt der CIA-Chefhistoriker, all das ließe sich ganz bestimmt nicht ewig so weitertreiben. Also lieber schnell weg. Zur nächsten Station, einen von vier oder fünf Grenzübergängen in Jerusalem besuchen. Zwischendurch immer wieder Checkpoints durch die wir einfach durchgewunken werden, das vorausfahrende Fahrzeug des Mossad oder Shin Bet macht es möglich. Selbst als wir zum Mittagessen irgendwo in der Jerusalemer Altstadt sind, steht ein Wagen völlig verdächtig mit drei Mann und laufendem Motor vor dem eigens hergerichteten Speisesaal. Und so ist der kleine Spaziergang vom Parkplatz, durch einen kleinen Weg, gesäumt von Blumen und Sträuchern, ockerfarbenen Häusern, hin zu einem angenehm kühlen Speisesaal gar nicht weit und der vielleicht sicherste Spaziergang meines Lebens. Wir besuchen die Kreuzung, auf der sich die meisten Selbstmordanschläge ereignet haben, besuchen den Stadtteil, der vom gegenüberliegenden palästinensischen Hang immer wieder von Scharfschützen beschossen wurde und der da unbedingt bleiben muss, sonst könnten die Heckenschützen als Nächstes ja gleich in die Knesset ballern. Also hat die Regierung alle Fensterscheiben durch schusssicheres Glas ersetzen lassen. Und am abschüssigen Teil des Hangs sind große Betonelemente aufgestellt worden, die nun den Fußweg schützen. Die Schnellstraße, die durch das Tal führt, wird unter einem Halbdach aus meterdickem Beton versteckt, damit niemand mehr auf die vorbeifahrenden Autos schießen kann. Je nach Windrichtung: Frieden durch Beton oder Beton statt Frieden. *Danger of Death*. Wir klettern kurz auf die andere Seite der Betonmauern, und schon nach wenigen Minuten haben wir genug davon, im Fadenkreuz irgendeines Irren aufzutauchen. Mein israelischer Freund erklärt jetzt, dass die Vereinten Nationen leider keine Hilfe seien, entwaffnen könnten die Schützen nur die Israelis, aber dann würde die Welt ja wieder aufschreien. Lösung: Beton. Und von Beton kann man vor allem eines lernen: ganz schnell hart werden.

Aber dieses Provisorium zu betonieren scheint mir so recht auch keine Lösung zu sein. Und das eigentliche Dilemma wird so nur noch klarer: Ob Geheimdiensthistoriker oder nicht, wir alle kennen die Lösung des Konflikts: Israel muss Palästina als Staat anerkennen und sich mit Palästina auf einen Landtausch einigen, wo Siedlungen unbedingt bestehen bleiben sollen. Im Gegenzug muss Palästina auf das ohnehin völlig illusorische Rückkehrrecht der Flüchtlinge verzichten. Und weil das völlig unvermeidlich ist, sind wir alle etwas aufgewühlt, als wir sehen, wie beide Seiten versuchen, sich gegen das Unvermeidliche zu stemmen.

Im Bus ist es dann auch ganz ruhig, als er uns zum israelischen Militärgeheimdienst fährt. Dort erinnert ein kleiner Garten an die im Dienst für Israel Gefallenen. Drinnen hängen Bilder eines Soldaten, der in der Gefangenschaft kein Wort sprach und es seinen Vorgesetzten noch nach seinem Tod mitteilte, indem er heimlich eine Botschaft in seine Uniform stanzte, die den israelischen Chefs nach der Übergabe des Leichnams verriet, dass der gefallene Agent geschwiegen hatte. Noch mehr vermeintliche Sicherheit. Zwischendurch werden Orangensaft und Gebäck gereicht, während sich vor dem Zentrum viele junge Soldatinnen versammeln, deren Familien noch aus Äthiopien stammen. Nebenan betreiben ein paar ehemalige Geheimdienstangehörige ihre eigene Denkfabrik und beobachten von dort die Geschehnisse im Gaza-Streifen und im Iran. Sie haben eine beeindruckende Sammlung an Waffen, die von der israelischen Armee sichergestellt wurden. Raketenwerfer sind da noch weniger beeindruckend, die Selbstmordgürtel schon, die in verschiedenen Tuben daherkommen, alle mit so vielen Muttern und Schrauben besetzt, dass auch der Tod durch Selbstmordattentäter ein sofortiger sein muss. Im Garten steht ein großes Labyrinth aus Sandsteinen, welches an die Gefallenen des israelischen Militärgeheimdienstes erinnert. Unter jedem Jahr sind erschreckend viele Namen und Daten gemeißelt, selbst unter dem Jahr 2009 stehen mehr als ein Dutzend Namen. *Danger of Death.*

Garnelen und Wein mit der Opposition

Togo, Oktober 2009

Ich will nach Lomé, in die Hauptstadt des westafrikanischen Miniaturstaats Togo, wo ich in den folgenden Tagen eine Konferenz westafrikanischer Offiziere und Parlamentarier besuchen soll. Mir ist eine besondere Aufgabe zugedacht worden, denn ich soll Rolle und Geschichte des Wehrbeauftragten des Deutschen Bundestages erläutern und die Prinzipien der demokratischen Kontrolle moderner Streitkräfte erklären. Von allen Reisen, die ich in diesem Jahr unternommen habe, ist dies mit Abstand die wahnsinnigste. In »Die Hunde des Krieges« hat Frederick Forsyth den Horror eines Söldners beschrieben, der in einen westafrikanischen Zwergstaat reiste, der Togo verdächtig ähnlich war, und dabei als Erstes Soldaten begegnete, die auf ihren Sold schon länger warteten als ich auf das erste Rendezvous mit meiner großen Jugendliebe Johanna. Wer liefert sich also freiwillig westafrikanischem Militär aus? Genau deswegen bleibt mir keine andere Wahl. Auch die, die gar nicht wissen, wo Togo eigentlich liegt, und das sind die meisten, verkünden Sorge und fordern zugleich erwartungsvoll ausführlichen und blutstrotzenden Bericht. Sind also aus reiner Selbstsucht nicht bereit, mir abzuraten.

Mein Auftrag hört sich zunächst wie eine völlig aussichtslose Mission an: einer Gruppe Generalstabsoffizieren und Parlamentariern aus dem Niger, der Elfenbeinküste, Mali, Burkina Faso, Benin und Togo die Prinzipien der demokratischen Kontrolle moderner Streitkräfte zu erläutern und dabei besonders geflissentlich den verbindlichen Eindruck europäischer Demokratie zu vermitteln. Aber um überhaupt nach Togo zu kommen, muss eine unüberwindliche Hürde genommen werden: Die Frankfurter Amtsärztin muss mich für die Reise freigeben, mir eine Gelbfieberimpfung verpassen, mich vor der Reise medizinisch beraten und überhaupt kritisch unter die Lupe nehmen. Ihre Assistentin hat meinen Impfausweis bereits mit gleichermaßen entsetzter wie fassungsloser Miene durchgeblättert und mich mit dem Anflug eines Vorwurfs gefragt, ob dies alles sei, was ich vorzuweisen hätte, und hat dann beängstigend viele Kreuze auf einem amtlich wirkenden Formular gemacht. Die Ärztin erklärt mir, ich solle meinen Oberkörper doch besser gleich ganz freimachen, und schiebt mir jeweils drei Spritzen in jeden Oberarm. Während ich bereue, mich seit fünfzehn Jahren um nichts gekümmert zu haben, macht sie mir klar, dass ich nun wirklich den verrücktesten Auftrag hätte, von dem sie bislang gehört habe. Und hier seien schon viele gewesen, von Großwildjägern bis zu Bergbauingenieuren. Dieser Vergleich mit halbwegs bürgerlichen Berufen lässt mich immer irgendwie orientierungslos zurück. Während meine Arme taub und regungslos von meinem Torso herabhängen, teilt sie mir mit, dass meine Mission ohnehin zum Scheitern verurteilt sei, und verschreibt mir dazu Malarone, ein Anti-Malaria-Medikament, das meine finanziellen Möglichkeiten, mich in Togo zu betrinken, bereits vor dem Abflug ernsthaft beschneidet. Nun hat mich aber völlige Aussichtslosigkeit noch nie gestoppt.

Das einzig Mächtigere als völlige Aussichtslosigkeit ist Air France. Und die geben sich wirklich Mühe, mich zu stoppen. Mein erster Flug geht also nach Paris. und auch wenn die Franzosen besonders interessant abgestufte blau-farbige Uniformen für ihre Stewardessen vorweisen können, demonstrieren sie an mir willkürlich elitäre französische Selektionsvorgänge: Kurz, sie übergehen mich bei der Ausgabe alkoholischer Getränke. Mit zwei Stunden Verspätung und noch immer nüchtern werde ich am Flughafen Charles de Gaulle angespült, der, wie David zu sagen pflegt, der eigentliche Beginn Afrikas sei. David ist der Leiter des Auslandsbüros in Benin und hat dort den sicherheitspolitischen Dialog ins Leben gerufen. Gemeinsam mit seiner Assistentin Annika hat er mich für Togo angeheuert, und weil beide nur ihre Wahlheimat in Westafrika haben, müssen sie ständig hier umsteigen und finden durchaus beeindruckende Parallelen zwischen allgemeiner westafrikanischer Sorglosigkeit und der offensichtlichen französischen Planlosigkeit beim Flughafenbau. Mich erinnert der Flughafen Charles de Gaulle eher an einen auf der Erde gestrandeten Todesstern des Imperiums. Millionen Gänge und hunderttausende Schilder weisen den Weg ins Nirgendwo. Weil Franzosen nicht zu den ganz besonders hochgewachsenen Menschen auf der Welt gehören, haben sie außerdem alle Schilder auf Augenhöhe angebracht, vor denen sich dann aber stets Gruppen hochgewachsener, zäher skandinavischer Rentner wiederfinden, so dass der Reisende ständig fürchten muss, in einem imperialen Gefängnis zu landen. Auch ich finde natürlich nichts, und die zwanzig Minuten, die mir zum Umsteigen bleiben, verrinnen zwischen meinen Fingerkuppen.

Dafür werde ich vom französischen Zoll gefunden, der wissen will, ob ich mehr als zehntausend Euro in bar bei mir habe. Die Zollbeamtin ahnt wohl nicht, dass ich gehofft habe, sie würde mich schnell zu meinem neuen Gate fahren, und ich bin zwar geneigt, meine Malarone zu teilen, meine Reisekasse soll aber niemand mehr anrühren. Und entgegen aller Klischees habe ich als Politikberater auch noch nie so viel Bargeld mitgeführt. Flughäfen sollten das Reisen eigentlich einfacher und schneller machen, aber in Wahrheit sind sie große Frustrationsmaschinen. Latsch, latsch, latsch. Ein Freund hat mir mal die wunderbare Geschichte erzählt, wie er aus einem Flughafengebäude in Berlin-Tegel strauchelte und ein dickwanstiger Rentner dem letzten Taxifahrer völlig wirre Zeichen gab, woraufhin mein Freund in ebendieses Taxi hechtete und in die Nacht davonbrauste. Der im Rückspiegel zurückbleibende Rentner war Peter Scholl-Latour. Und ich begegne am Flughafen immer nur dem Zoll oder skandinavischen Pensionären.

Der Flughafen in Lomé hebt sich von dem in Paris wohltuend ab. Er besteht aus nur einem einzigen Gebäude, das aussieht wie das Schwimmbad in Bad Krozingen. Der Aéroport International Gnassingbé Eyadéma ist nach Togos langjährigem Diktator benannt worden und kann neben besagter, klotzförmiger Halle mit einem holprigen Rollfeld und einem schön angelegten Zirkel mit zwei Palmen aufwarten.

Das Flugzeug hätte ebenso gut in der Wüste landen können, denn obwohl es tiefe Nacht ist, wirkt die schwüle Hitze schon beim Aussteigen aus der Maschine niederschmetternd. Aus der Stadt blinzelt nur ein vereinzelter Lichtkegel herüber. Ich habe vor der Reise die beknackte Idee gehabt, den Rat der Amtsärztin anzunehmen, statt ihn nur weiterzugeben. Nach der ersten Einnahme von Malarone war noch alles prima, aber nach der Landung am Flughafen Lomé plagt mich plötzlich ein stechender und hartnäckiger Juckreiz im Gesicht, den ich nicht recht zuordnen kann.

Annika hat alles für meine Reise notwendige arrangiert, und obwohl sie mich nicht kennt, hatte sie bereits geahnt, dass ich in einem fremden Land an die Hand genommen werden muss. Geplant ist, dass mein Dolmetscher mich in der Flughafenhalle aufliest und dafür sorgt, dass ich in diesem Land nicht schon in den ersten Minuten auf Abwege gerate. Doch da greifen die afrikanischen Kräfte das erste Mal ein: Auf dem Rollfeld steht eine Dame mit einer Kreidetafel, auf die mein Name gekritzelt ist. Sie verweist mich umgehend in einen separaten Raum, in dem sich wohl die togolesische Elite trifft.

Der Eyadéma-Flughafen wartet mit besonders wunderlichen Einreisebedingungen auf: In dem Hallenklotz sind acht oder zehn Boxen aufgestellt worden, in denen jeder Einreisewillige einen Stempel in seinen Reisepass gedrückt bekommt. Aus irgendeinem sicher absurden Grund ist bei dem zwei Mal die Woche landenden Flug aus Europa grundsätzlich nur eine Kabine besetzt, und der einzige togolesische Sicherheitsbeamte benötigt für jeden Pass zwanzig Minuten. Das bleibt mir nun erspart: In der Lounge begrüßt sich die togolesische Oberschicht, und ich setze mich irgendwo an den Rand auf einen abgegriffenen, speckigen grünen Sessel, beobachte das Geschehen und harre der Dinge. Aus der Gruppe treten nun ganz zurückhaltend zwei togolesische Luftwaffenoffiziere auf mich zu, die sehr viele bunte Anstecker an ihre Uniform geheftet haben, unter der sie keinerlei Hemd oder sonstige Wäsche zu tragen scheinen. Beide machen einen schüchternen Eindruck und erklären mir in gebrochenem Englisch, sie seien im Namen des Generalstabschefs der Armee gekommen, um mich zu begrüßen und zum Hotel zu bringen, und dann fragen sie – etwas zu entschieden, wie ich finde – nach meinem Pass. Daraufhin verschwindet der weniger Hochdekorierte von beiden, und ich mache mir ernsthaft Gedanken, ob ich nun als Staatenloser in Westafrika stranden werde. Nach zwanzig Minuten kehrt der Offizier zurück und blättert durch meinen Ausweis, weist seinen Kameraden auf meine vielen Auslandsaufenthalte hin, beide lachen, und dann tun wir etwas sehr Westafrikanisches: Wir sitzen noch weitere zwanzig Minuten in der Lounge, ohne dass überhaupt irgendetwas geschieht, und alles erinnert mich an meine allererste Verabredung mit einer Frau, als ich etwa fünfzehn war und zwischen uns ein ähnlich langes, peinliches Schweigen herrschte. Ich mache also einen Witz darüber, dass uns wohl keine große Zukunft als Dreiecksbeziehung bevorstünde. Sie schlagen nun vor, ins Hotel zu fahren. Noch immer warten zweihundert Passagiere darauf, endlich einreisen zu dürfen, doch der Grenzbeamte ist in ein sehr heiteres Gespräch mit seinen Kollegen vertieft, so dass sich nichts bewegt. Das ist nun nicht mehr mein Problem, das Militär hatte meinen Koffer besorgt und führt mich wie einen Staatsgast durch die Halle. Aber aus den Augen der anderen Passagiere spricht kein Neid, sondern Sorge ob des mir bevorstehenden Schicksals.

Tatsächlich bringen mich die beiden Offiziere der togolesischen Luftwaffe zu einem völlig unbeleuchteten Platz außerhalb des Flughafens, wo sie ein besonders klappriges Auto abgestellt haben. Einmal dort hineinkomplimentiert, fahren sie mich zu einem Hotel, das in den sechziger Jahren einmal die erste Adresse in Togo gewesen sein muss und seither nur noch dem Verfall des Landes ein einladendes Gesicht gibt – das reizende Palm Beach.

Auf der scheinbar ewig währenden Fahrt durch die brütende Nachthitze Lomés werde ich an jeder Straßenkreuzung angestarrt. Hier und da gibt es elektrisches Licht, aber an vielen Tischen brennen Kerzen oder Ölleuchten. Von allen Seiten dringt Verkehr auf die Kreuzung, und hier und da gibt es Ampeln, die zumindest den Anschein eines geregelten Verkehrsflusses suggerieren. Immer wieder halten Mopeds mit zwei oder drei Passagieren neben uns, die mich einer intensiven Musterung zu unterziehen scheinen. Ich starre zurück. Die beiden Offiziere vorne schauen stur geradeaus. Während der Fahrt habe ich Zeit, mich daran zu erinnern, dass das Erste, was mir zu Westafrika einfiel, Bauxit war. Bauxit taucht ständig auf strategischen Landkarten auf, und eigentlich weiß niemand so recht, wofür man das braucht. Ich vermute, dass man aus Bauxit etwas Zementartiges machen kann, und schließlich ist irgendwo in Afrika eine Zementfabrik zu besitzen ja in etwa so, wie auf eine Goldader zu stoßen. Was dem einen Bauxit, ist dem Togolesen Phosphor. Zwar kann hier niemand sagen, was der Rest der Welt mit all dem Phosphor anfangen soll, aber das ist egal, solange sich jemand bereitfand zu wild nach oben und unten ausschlagenden Weltmarktpreisen das ganze Zeug zu kaufen. Und erfahrungsgemäß ist immer irgendwer irgendwo bereit, irgendetwas zu kaufen. Natürlich helfen diese Gedankengänge überhaupt nicht weiter, denn die Fahrt durch Lomé nimmt einfach kein Ende, und obwohl es mitten in der Nacht ist, scheint die ganze Stadt auf den Beinen zu sein. An jeder Kreuzung stehen hunderte Menschen, der Verkehr ist so dicht, dass wir kaum vorankommen, und an jeder zweiten Straßenecke fummelt irgendjemand in dem Motorraum eines Wagens herum.

Togo ist überhaupt ein eigenartiges Land: Es gehört zu den wenigen Plätzen auf der Erde, die einst deutsche Kolonie gewesen sind. Eine Reihe norddeutscher Kaufleute hatte schon früh begonnen, in Togo Handelsstationen aufzubauen, um von dort Erdnüsse und Ähnliches nach Deutschland zu exportieren. Ich habe einst die Tagebücher von Johann Karl Vietor gelesen, der von Bremen aus ein Handelsimperium in Westafrika aufbauen wollte und sich dann zu einem der prominentesten Kritiker der Kolonialpolitik des Deutschen Reiches aufgeschwungen hatte. Aus der Lektüre waren mir nur drei Dinge in Erinnerung geblieben: Johann Karl Vietor brach mit der sonst üblichen Politik, Arbeiter auszupeitschen, wenn diese pausieren wollten, und fand unter anderem heraus, dass der togolesische Kalender dreizehn statt zwölf Monate kannte, was dann auch erklärte, warum die Togolesen mit stoischer Ruhe vor Monatsende die Arbeit einstellten. Zum Ende seiner Karriere begann Vietor eine Bananenplantage auf Mallorca aufzubauen, wurde aber von den Mallorquinern kräftig übers Ohr gehauen. Und schließlich verlor das Deutsche Reich die »Musterkolonie« Togo während des Ersten Weltkrieges an Frankreich, was während des darauffolgenden Weltkrieges dazu führte, dass einige Togolesen »heim ins Reich« wollten und zu diesem Zweck einen langen Brief an Adolf Hitler schrieben. Allerdings, und das war eher untypisch für das Dritte Reich, gaben die Nazis diesem Gesuch nicht statt, sondern schickten als Trost einen Volksempfänger.

Im Gegensatz zur Stadt, ist im Hotel Palm Beach überhaupt nichts los. Ein abgelaufener Marmorfußboden und eine gelbliche Holzdecke vermittelten den Eindruck, dass das Hotel seinen Zenit schon längere Zeit überschritten hat, über den Fahrstühlen verraten schief hängende Porträts Gnassingbés, des togolesischen Staatschefs, dass dies kein demokratischer Musterstaat ist, und die Fahrstühle halten wohl schon länger nicht mehr ganz genau auf der Ebene des Fußbodens, was leider andeutet, dass die Fahrstuhlseile seit einigen Jahrzehnten nicht mehr gewechselt worden sind und nun sicher den einen oder anderen Haarriss aufweisen. Das Hotel liegt direkt am kurzen Strand der zierlichen Küstennation. Die Tatsache, dass der Strand seit einigen Jahrzehnten auch als öffentliche Kloake genutzt wird, schränkt das potentielle Vergnügen aber irgendwie ein. Auch dass das Meer hier inzwischen vom Phosphatabbau verseucht ist und den wenigen Fischern daher auch kein Fang mehr so recht gelingen mag, schmälert die Freude und ist vielleicht auch eine Erklärung für die vielsagende Warnung des Auswärtigen Amts, bei Reisen in diesen Staat auf Motorräder zu achten, die dem eigenen Fahrzeug folgen könnten, und sich überhaupt für bewaffnete Raubüberfälle zu wappnen. Wer auch immer sich diesen Rat ausgedacht hat, ist offenbar noch nie in Togo gewesen. Hier gibt es ein paar alte deutsche Lastwagen, die für Abbruchunternehmen in Gelsenkirchen werben oder Reinigungsunternehmen aus Berlin anpreisen, ein paar der üblichen Geländewagen für die Regierung und die Nichtregierungsorganisationen sowie hunderttausende Motorräder, die sich ständig überall durchschlängeln und überhaupt alle völlig gleich aussehen.

Togo wurde unabhängig unter der Führung von Sylvanus Olympio, der auch die erste nationale Unabhängigkeitsbewegung Afrikas anführte, das Comité de l'Unité Togolaise. Die Gründung kam auf Druck der Franzosen zustande, die so während des Zweiten Weltkrieges pro-deutsche Sympathien in Teilen der Bevölkerung kontrollieren und am besten gleich auslöschen wollten. Nach 1946 sahen die Franzosen in dem

Komitee dann aber plötzlich eine pro-britische Gruppe und ließen nichts unversucht, sie zu schwächen – machten dabei aber die Rechnung ohne die Togolesen. So gesehen ein Wunder, dass sich die Franzosen überhaupt jemals irgendwo haben halten können. Als die Togolesen 1958 unter Aufsicht der Vereinten Nationen erstmals frei und fair wählen durften, entschieden sie sich mit deutlicher Mehrheit für Olympio. Der regierte fortan zwar patriarchalisch, aber in den Augen der restlichen Welt mit ökonomischer Vernunft. Politisch war das natürlich allerhöchster, nein, schierer Wahnsinn: Die Marktfrauen waren böse, weil er die Grenze zu Ghana schloss, und das war schlecht für den Handel. Das Einfrieren der Löhne der Staatsangestellten galt unter den Arbeitnehmern als nicht so besonders gelungene Idee zur Herrschaftskonsolidierung und trieb die Gewerkschaften auf die Palme. Die traditionell einflussreichen Ewe ärgerten sich, dass sie erst gar nicht beim Staat angestellt wurden. Und als auch noch die jüngeren Togolesen, die katholische Kirche und die traditionellen Autoritäten allgemeine Perspektivlosigkeit beklagten – überall sonst auf der Welt ein Zeichen politischer Stabilität –, war es um das Regime fast geschehen. Als ehemalige Mitglieder der französischen Kolonialtruppen, die fast alle aus dem Norden des Landes stammten, wünschten, in die Armee übernommen zu werden, lehnte Olympio auch das ab mit der politisch besonders weitsichtigen Begründung, dass, wenn er die Armee schon vergrößern müsse, er doch lieber irgendwelche Arbeitslosen aus dem Süden rekrutieren würde. Im Gegensatz zu vielen anderen afrikanischen Führern hielt er aber eine Armee von nur 250 Mann auch noch für groß genug. Dass dies ein großer Irrtum war, sollte der folgende Putsch durch die ehemaligen Angehörigen der Kolonialtruppen zeigen. Denn nicht nur die Veteranen waren anderer Ansicht als Olympio: Auch die

Armee fand eine Vergrößerung prima und die französischen Ausbilder der Armee sowieso. So konnten die noch eine Weile bleiben und die warme westafrikanische Küstenluft genießen.

1963 wurde Olympio aus dem Amt gejagt und an den Eingangstoren der amerikanischen Botschaft ermordet oder aufgeknüpft. Auf Olympio folgte ein neuer ziviler Regierungschef mit dem bemerkenswerten Namen Nicholas Grunitzky. Sein irgendwie nach Warschauer Pakt klingender Name war allerdings auch das einzig Bemerkenswerte an dem Politiker, wenn man einmal davon absieht, dass er deutlich mehr Geld ausgab als sein Vorgänger und er trotzdem nicht beliebter war. Aber eigentlich waren seit 1963 Etienne Eyadéma, Albert Alidou Djafalo und James Assila die starken Männer im Staat, denn sie kontrollierten die Armee, die von der neuen Regierung gleich um nicht weniger als 500 Prozent vergrößert worden war. Das machte es Eyadéma dann auch leichter, im Januar 1967 die Macht gleich ganz an sich zu reißen, in einem der ersten Staatsstreiche Westafrikas. Er begründete diesen Schritt, wie so viele andere Putschisten nach ihm, folgendermaßen: mit 1) dem Scheitern der zivilen Regierung und 2) der allgemeinen Perspektivlosigkeit und versprach: 1) besser zu regieren, 2) für mehr Entwicklung zu sorgen und überdies 3) recht bald zu einer zivilen Führung zurückzukehren. 38 Jahre später war Eyadéma bei keinem einzigen der Versprechen wahnsinnig weit gekommen, aber um den Bayerischen Verdienstorden reicher und auf dem Weg nach Frankreich oder Israel, um sich irgendeiner medizinischen Operation zu unterziehen, als er sehr plötzlich verstarb. Wie viele andere Militärs, die in den sechziger Jahren durch Staatsstreiche an die Macht kamen, galt er zunächst als Modernisierer und Reformer, schließlich war die Armee sowohl im Westen und mehr noch im Osten das modernste Element dieser allgemein ja eher durch stoische Ruhe auffallenden Gesellschaften. In der Anfangsphase fand tatsächlich ein wenig Entwicklung statt: Das Land exportierte Phosphat, und in Lomé wurden einige neue Hotels gebaut, unter anderem das Palm Beach. Dann war alles wieder normal, und lange Zeit geschah gar nichts mehr. Eigentlich ist das bis heute so geblieben. Und damit das auch in Zukunft so bleibt, regiert nun Eyadémas Sohn, Gnassingbé. Dass das Hotel noch so aussieht, als stamme es aus der Zeit, in der James Bond Spectre jagte, ist auch ein Zeichen dafür, dass die ehemalige deutsche Entwicklungshilfeministerin, gemeinhin bekannt als die rote Heidi, noch nicht hier abgestiegen war. Die nämlich bestand grundsätzlich, so raunte man sich in Berlins Kreisen gerne zu, auf der Renovierung eines Hotelzimmers, den richtigen Blumen und Stühlen mit der exakt passenden Lehne, bevor sie irgendwo eine Übernachtung in Erwägung zog. Auf dem World Economic Forum trieb sie es wohl auch schon einmal soweit, dass Finanzminister Steinbrück eine Klasse niedriger abstieg.

Aber eigentlich bin ich ja nach Togo gekommen, um zwei Dutzend westafrikanischen Parlamentariern und Generalstabsoffizieren die Prinzipien der demokratischen Kontrolle von Streitkräften nahezubringen. Der Tagungsraum des Palm Beach ist gefüllt mit Obersten und Abgeordneten aus Niger, der Elfenbeinküste, Togo, Benin und Burkina Faso. Alle tragen gestärkte Uniformen ohne Hemden, manche die Insignien eines Fallschirmjägers, manche die irgendeiner Luftwaffe, die es nur auf dem Papier gibt. Andere haben sich in die elegante Uniform eines Marinekommandanten geworfen, wohl aber noch nie das Deck eines Kriegsschiffes betreten.

Einfach wird das nicht werden, denn demokratische Normen sind in Westafrika im Allgemeinen und in Togo im Besonderen, nicht unbedingt felsenfest verankert. Doch so eine Konferenz kann nur beginnen, wenn sie ordentlich, und das heißt vor allem festlich, eröffnet worden ist. Dazu tanzen jetzt sehr glücklich aussehende Togolesen mit nacktem und etwas zu durchtrainiertem Oberkörper vor dem mit sich sehr zufrieden wirkenden Verteidigungsminister und einem besonders gelangweilten deutschen Botschafter. Dann spricht der Botschafter ein paar Worte, die gleichermaßen apokalyptisch wie kernig sind und sicher schon bei drei Dutzend anderen Veranstaltungen genauso gesagt wurden. In den folgenden Tagen halten Parlamentarier stundenlange Vorträge, bei denen man schon deshalb nicht zuhören muss, weil jedes einzelne Wort auch in der entsprechenden PowerPoint-Präsentation steht. Und zwar wirklich jedes einzelne. Die werden dann hinterher noch mal verteilt. Außerdem hörte ich schon deshalb nicht zu, weil Annika sich in den Raum geschlichen und sich hinter einer Säule versteckt hat, und so sind ihre Beine das Erste und lange Zeit das Einzige, was ich von ihr zu sehen bekomme. Seither nehme ich für mich in Anspruch, eine Frau an ihren Beinen erkennen zu können. Das freilich war in Togo nicht schwer, so viele andere Europäerinnen meines Alters gibt es da nicht. Außerdem sorgt Malarone für Ablenkung, denn inzwischen sind meine Augen leicht geschwollen, und um meine Nase herum entwickelt sich ein schrecklicher Juckreiz.

Viel überraschender aber ist, dass die meisten Offiziere gar keine so schlechte Ausbildung haben. Einige sprechen fließend Deutsch, weil sie in den 1980er Jahren mal Lehrgänge an der Führungsakademie der Bundeswehr absolviert haben oder in den Genuss besonderer Aufmerksamkeit der Nationalen Volksarmee gekommen sind. Sie erklären den teils konsternierten Parlamentariern, dass diese, also die Parlamentarier jetzt, sie, die Soldaten, auch vorladen dürfen. Das sei schon in Ordnung. Nicht wenige Parlamentarier finden das unerwartet vernünftig und geloben, in Zukunft von ihrem Recht Soldaten vorzuladen auch Gebrauch zu machen. Unterdessen kramt ein togolesischer Oberst neben mir umständlich irgendetwas aus seiner Herrenhandtasche.

Dies ist ein sicheres Zeichen für ein kleine Pause, in der geschäftig neue Wasserflaschen auf das Podium gestellt werden. Schließlich stellt jemand noch mein Namensschild auf den Tisch, und das heißt, ich muss nun selbst etwas zur Rolle der Parlamente in Militärfragen sagen, vor allem aber wie und warum das Parlament entscheiden solle, wie viel und wofür Streitkräfte Geld ausgeben dürfen. Das finden nicht nur manche der Oberste unsinnig. Dass das Parlament entscheiden solle, was die Armee ausgeben dürfe, sei doch nun wirklich ganz und gar lebensfremd, wenn nicht gar glatter Mumpitz. Man möge die Abgeordneten ja, aber von Verteidigung hätten die ja keine Ahnung. Ich versuche zu erklären, dass das egal sei, schließlich gehe es ja um das Prinzip der zivilen Kontrolle. Wirklich überzeugen jedoch kann sie das nicht. Ein Abgeordneter aus der Elfenbeinküste nimmt mich schließlich zur Seite und erklärt mir, dass das alles natürlich gut und schön sei, und prinzipiell sei ja alles, was ich gesagt habe, zu begrüßen, aber in seinem Land hieße das ja, dass die Opposition erfahren würde, wo das Geld lande, und der Opposition könne man ja nun mal nicht trauen, die säßen doch noch auf Bäumen.

Ein halbes Jahr später putscht die Armee in Niger, und ich habe beim Blättern durch die Zeitungsfotos das eigenartige

Gefühl, dass mir ein paar der Obristen aus der neuen Junta vertraut vorkommen. Ich erinnere mich nur nicht so ganz genau daran.

Es wäre keine richtige Konferenz geworden, würde am Ende nicht richtig gefeiert und gesoffen. Also lädt der Verteidigungsminister oder dessen Generalstabschef, so genau weiß das gerade keiner zu sagen, auf die Terrasse des Ibis-Hotels, um dort der togolesischen Gastfreundschaft ein sympathisches Gesicht zu verleihen. Das Hotel hat dazu ein großes Buffet aufgefahren. In Ländern wie Togo mag Mangel herrschen, aber von zwei Dingen gibt es immer genug: Stärke für die Offizierssakkos und Johnnie Walker Black-Label. Ich ertränke meine Malarone-Allergie in einem Johnnie Walker, und der wirkt in der schwülen Oktobernacht noch viel erfrischender als sonst. Das ist auch dringend nötig, denn inzwischen plagt mich ein schwieriges Dilemma. Einerseits hat meine Malarone-Allergie nicht nur zu geschwollenen Augen geführt, sondern auch zu einem Ausschlag auf den Wangen und um meine Nase. Andererseits hat Annika sich im Laufe des Tages als ungeheuer schön herausgestellt, diesen Charme auch noch mit besonders trockenem Humor verfeinert, und lacht nun ganz ungeheuer viel, was bei mir immer Gefühlsinfektionen auslöst. Das Ganze verlangt nach einem weiteren Johnnie Walker. Zwischendurch spielt in der völlig niederschmetternden Hitze einer weiteren westafrikanischen Sommernacht eine wahnsinnig laute Band, und Tänzer auf zwei Meter langen Stelzen vollführen atemberaubende Kunststücke zu großem Getrommel. Die Offiziere um mich herum schieben ihre Stühle immer weiter vom Zentrum der Aufführung weg, und ich bin nicht sicher, ob das nun geschieht, weil die Tänzer auf die Tische fallen könnten oder weil in wenigen Minuten eine wilde Schießerei beginnen wird. Auch der an einer längeren Tafel platzierte Verteidigungsminister nimmt die Vorstellung mit zunehmender Irritation hin. Alles wirkt wie in einem James-Bond-Film, und die ganze Feier erscheint wie die gewaltig inszenierte Gelegenheit zu einem Staatsstreich oder Enthauptungsschlag.

Es geschieht aber nichts, und ich vertreibe mir den Abend mit der Frage, ob meine Liebschaften immer so schnell verfließen, weil ich mir angewöhnt habe, bei allen Streitigkeiten erst meiner Partnerin die Schuld zu geben und, falls das nicht funktioniert, den Streit ins Prinzipielle zu erheben. Diesen unangenehmen Gedanken schiebe ich dann aber mit einem neuen Glas meines intimen Freundes Johnnie Walker schnell beiseite. Als am Ende des Abends immer noch das gleiche Regime in Togo herrscht, bin ich irgendwie überrascht. Und auch wenn ich Annika noch nicht nähergekommen bin, Johnnie Walker kenne ich nun so gut, dass ich ihn in Zukunft als James bestellen werde.

Wie in so vielen anderen Ländern Westafrikas sind die einzig wirklich guten Restaurants die, die von Exilfranzosen oder Libanesen betrieben werden. Deren Geheimnis ist, dass sie bis auf den Fisch absolut alles importieren. Ein Hoch auf die Globalisierung also! Wer gerne mal ein Restaurant in Atakpame eröffnen möchte, benötigt dennoch ein geduldiges Bankkonto: Eine Menge Schmiergeld für den Zoll muss bei der Preisberechnung berücksichtigt werden, weshalb in Lomé Essen zu gehen auch teurer ist als in Paris oder Genf. Mein Gastgeber David und ich machen uns auf den Weg in ein französisches Fischrestaurant an der Küstenstraße, wo wir den Generalsekretär irgendeiner Oppositionspartei zu Garnelen und Weißwein treffen werden. Welche der beiden größeren Oppositionsparteien, habe ich längst wieder vergessen, als ich im Auto sitze, ist aber wohl auch egal. Die politische Lage ist nämlich extrem übersichtlich: Da gibt es den semi-autokratisch herrschenden Sohn Eyadémas, Gnassingbé, der wohl sehnlichst seinen eigenen Bayerischen Verdienstorden erwartet, und dann gibt es zwei Oppositionsparteien, die bei den bevorstehenden Wahlen Gnassingbé schlagen könnten, würden sie sich nur zusammentun. Wobei semi-autokratisch der politikwissenschaftliche Sprachgebrauch für jemanden ist, der völlig autokratisch regiert, aber vorgibt, das selbst irgendwann einmal ändern zu wollen. Es sieht natürlich nicht so aus, als könnten sich die beiden Parteien zusammenschließen, denn beide bestehen darauf, den Präsidentschaftskandidaten für ein mögliches Oppositionsbündnis zu stellen. Also machen wir uns auf zu einem Essen mit den Oppositionsführern, um herauszufinden, ob die Parteien möglicherweise noch zur Vernunft kommen oder ob am Ende alles so bleibt, wie es ist.

Das Restaurant wird von einem Franzosen betrieben, der mit Tätowierungen übersät ist und bei mir den unbestimmten Eindruck hinterlässt, einige, sein Leben entscheidend beeinflussende Jahre bei der Fremdenlegion verbracht zu haben. Der Generalsekretär der Oppositionspartei XY – ich erinnere mich noch immer nicht an ihren Namen – und irgendein anderer Funktionsträger erklären beim Essen, dass der Präsident leider vollends verrückt sei und dass es in der anderen Oppositionspartei zwar im Prinzip prima Typen gebe, es aber natürlich vollkommen ausgeschlossen sei, dass sie sich noch einigen und einen gemeinsamen Gegenkandidaten aufstellen würden – wirklich trauen könne man denen schließlich auch nicht, was der Generalsekretär durch den Vorwurf einer unangemessenen Zaghaftigkeit untermauert.

Im März 2010, da bin ich längst zuhause, folgen dann die Präsidentschaftswahlen, die, wenig überraschend, der Sohn des langjährigen Diktators, Faure Essozimna Gnassingbé, wieder für sich entscheiden kann. Beide Oppositionsparteien, so wissen es westliche Medien in irgendeiner bedeutungslosen Randnotiz zu berichten, witterten Betrug und üble Machenschaften.

Überhaupt alles ganz ungeheuerlich, könnte man denken. Karl Marx hat irgendwann mal gesagt, dass sich jedes historische Ereignis zweimal abspiele, einmal als Tragödie und einmal als Farce. In Togo scheint die Farce in einer Endlosschleife gefangen zu sein. Solche Gedanken dürfen unter der Aufsicht des Exilfranzosen keine Rolle spielen, die Garnelen sind schließlich riesig, der Wein besonders kalt und sehr erfrischend. Ich bin ein bisschen traurig, Annika nicht zu sehen, und ertränke meine Gedanken in einem exzellenten und natürlich importierten Weißwein und habe irgendwann aufgehört zuzuhören. Stattdessen versuche ich, mich an Annikas Lippen zu erinnern, was auch gelingt, mir aber einen, wie mir scheint, fragenden Blick Davids einträgt.

Am nächsten Morgen kann ich mich gerade so aufrappeln, was einzig an der Aussicht auf ein Treffen mit Annika liegt, von der ich in der Nacht fieberhaft und leidenschaftlich geträumt haben muss. Das Treffen erscheint aber nur bedingt vielversprechend, denn ich habe Schwierigkeiten, meine Augen zu öffnen, die von der Malarone-Allergie zu Klumpen geschwollen sind. Das macht aber nicht viel aus, denn Annika ignoriert meine Allergie und hat stattdessen einen Plan. Wir rumpeln im

Geländewagen zum Goethe-Institut in Lomé, um Plakate für eine Ausstellung zur deutschen Einheit abzuholen. Das Goethe-Institut ist vor einigen Jahren ausgebrannt, irgendwann als der alte Eyadéma starb und es daraufhin einen unüberschaubaren Streit um die Nachfolge gegeben hat: Sein Sohn hatte sich schon in die Start-Position gebracht, die Afrikanische Union und die Europäische Union hielten diese Idee einer Erb- beziehungsweise Thronfolge in Togo aber noch für undemokratisches Getue. Irgendein Mob hatte entschieden, dass Deutschland an dem Chaos eine Mitschuld trage und daher das Goethe-Institut angezündet, und nachdem alles vorüber, die neue Regierung im Amt war und die Empörung der Bundesregierung sich gelegt hatte, wurde das Institut wieder aufgebaut, finanziert, so berichten ungläubige Bürger noch heute, von der togolesischen Regierung. Seither bieten die Mitarbeiter in dem schneeweißen Gebäude wieder deutsche Sprachkurse, Kultur und Bücher, in einer Stadt, in der man Buchhandlungen lange und meist vergeblich hätte suchen müssen.

Auf dem Weg zum Goethe-Institut müssen wir durch das Zentrum von Lomé, das sich aber von den anderen Stadtteilen durch nichts unterscheidet. Vor jedem Haus stehen um die fünfzig Menschen und bieten irgendetwas feil, was niemand braucht. Es ist erstaunlich, dass wir überhaupt vorankommen. Schon am Eingang der Bibliothek des Goethe-Instituts lädt die aktuelle Ausgabe der *Kunstzeitung* mit dem Titel »Gottvater Lüpertz« vielversprechend zum Genuss deutschen Kulturgutes ein. Das hätte ich auch nicht für möglich gehalten: dass ausgerechnet die *Kunstzeitung*, von der ich noch nie etwas gehört habe, Titel verwandte, die so klangen, als kämen sie geradewegs aus der deutschen Kolonialzeit. Das eigentliche Highlight aber ist die Filmsammlung, die das Goethe-Institut feilbietet und die mich, und sicher auch jeden Togolesen, der hier versucht, Deutschland kennenzulernen, eher ratlos zurücklassen muss. Eine vollkommen zufällige und deswegen mit Sicherheit absolut repräsentative Auswahl von Filmen, die sich durch einen unkoordinierten Griff ins Regal ergibt und die also dafür gedacht ist, dem Togolesen die Bundesrepublik und überhaupt die europäische Kultur nahezubringen, sieht in etwa so aus:

»Auch Zwerge haben mal klein angefangen«, Klappentext: Eine Gruppe schwer erziehbarer Kinder aus einem Erziehungsheim macht einen Ausflug (allerdings ist das einer dieser völlig wahnsinnigen Werner-Herzog-Filme, in dem Büsche brennen und Liliputaner in irgendwelche Hausflure pinkeln).

»Gisela«, Klappentext: Ein Film, in dem mehr gesoffen als geredet wird.

»Dr. Prätorius und die Frauenklinik«, Klappentext: Dr. Prätorius, für den Humor immer noch die beste Medizin ist, gerät durch seine ständige Hilfsbereitschaft in die Situation, einer Studentin einen Antrag machen zu müssen, die er kaum kennt.

Auf Nachfrage versichert mir ein freundlicher Mitarbeiter, dass das nun wirklich kein pornographischer Film sei, man sich auch nicht von dem an den Schulmädchenreport eins bis fünfzehn erinnernden Cover irreführen lassen möge. Er wirkt betroffen, als ich meiner Enttäuschung Ausdruck verleihe. Annika lacht jetzt sehr viel, und um meine Nase herum scheint der Ausschlag zu nässen.

In Togo muss es einfach zu jeder Tages- und Nachtzeit unerträglich heiß sein. Auch wenn gelegentlich die eine oder andere Schabe durch das Badezimmer huscht, die Royal Suite ist zumindest angenehm gekühlt, was meine inzwischen voll

ausgebrochene Allergie lindert – auch wenn sich die Hotelbe-
treiber zu der wahnwitzigen baulichen Lösung entschlossen
haben, die heiße Abluft der Klimaanlage direkt ins Treppenhaus zu pusten und nicht etwa in die ohnehin schon warme
Luft der togolesischen Hauptstadt, so dass der Gast in eine
sechzig Grad heiße Hitzewand läuft, sobald er das gekühlte
Zimmer verlässt. Das Bild des togolesischen Präsidenten über
der Fahrstuhltür und die völlige Anarchie auf den Straßen
sind Entschädigung für das alles. Allerdings kann ich von einem der fünf Zimmer der Royal Suite die Hauptstraße am
Ufer betrachten, auf der große Lastwagen regelmäßig Wasser
versprühen. Wozu, bleibt unklar. Würde ich den Mut haben,
könnte ich einen der westafrikanischen Diktatoren an die riesige Bar einladen.

Von meiner Privatbar aus habe ich sogar Ausblick auf das
Privilege, das später auch unser Zufluchtsort für den letzten Abend in Togo sein wird. Immerhin wirbt das Privilege
vielversprechend damit, West Africa's biggest Club zu sein.
Scotch gibt es dort zu absurd hohen Preisen, aber das in Westafrika gebraute Bier Flag ist einigermaßen erschwinglich. Die
Bar ist rund und bietet genug Gelegenheit, das restliche Publikum in Augenschein zu nehmen. Außer uns genießt nur ein
libanesischer Geldwäscher einen Drink – ganz Westafrika
scheint, außer für Männer mit Machtphantasien, vor allem ein
prima Refugium für Geldwäscher der Hamas, der Hisbollah
und für Drogenhändler aus Südamerika zu sein. Warum diese
beiden Dinge aber immer Hand in Hand gehen, habe ich nie
verstanden. Ist mir mit Blick auf den Scotch auch gleichgültig,
denn ich versuche zwei Dinge mit mir auszumachen: Einerseits hat mir Malarone inzwischen mein Gesicht völlig ent-
stellt, andererseits finde ich Annika ungeheuer attraktiv. Das

sich daraus ergebende Dilemma lässt sich nicht lösen, allenfalls mit Scotch behandeln. Im Privilege wartet unterdessen ein halbes Dutzend Prostituierter auf den Beginn der Show, die nach allem, was das Mobiliar verrät, vor zwanzig Jahren das letzte Mal gelaufen sein muss. Die Prostituierten haben hier wohl schon gearbeitet, als die Selbstauskunft des Privilege, Westafrikas größter Club zu sein, noch stimmte. Selbst Waffenhändler verirren sich nicht mehr hierher. Und mit an Wahrscheinlichkeit grenzender Sicherheit ist mir Annika wohl auch noch nicht verfallen. Also noch eine Runde. Sie aber berichtet jetzt mit großem erzählerischen Talent Anekdoten aus Unna und Bielefeld, und das macht, wie mir scheint, die Allergie nur schlimmer und führt zu dem unguten Gedanken, dass ich eventuell auch einfach nur auf meine Gefühle allergisch reagieren könnte.

Der letzte Tag bietet dafür noch etwas Abwechslung. Das Sarkawa-Hotel sieht aus wie die abgerissene Hälfte eines Fußballstadions, das von den Gezeiten an den Strand von Lomé gespült worden ist. Annika und ich sind hierhergekommen, um den Generalsekretär der zweiten Oppositionspartei zu treffen und um noch etwas zu trinken. Ich kann nicht genau sagen, welchen programmatischen Unterschied es zur ersten Oppositionspartei, geschweige denn zur Regierung gibt, aber vielleicht ist das auch gerade gar nicht so wichtig. Ich will noch einen letzten Moment nutzen, um mit meinem Humor Eindruck zu machen, mit meinem derzeitigen Erscheinungsbild ist ja nun nichts mehr zu erreichen. Wir sind zehn Minuten lang um alle Schlaglöcher auf der Küstenstraße herumgefahren, haben dreimal auf der Straße gewendet, ganz so, als müssten wir Verfolger abhängen, haben es schließlich auf den Parkplatz des Hotels geschafft und laufen nun durch die Hotelanlage. Wir setzen uns unter eine Palme und lassen uns Erdnüsse und Gin Tonics bringen. Ein paar versandete Hecken zeigen, dass es hier einmal eine Art Parkanlage gegeben haben muss, und die vielen frei gebliebenen Sonnenstühle am Pool zeigen, dass das Sarkawa noch daran arbeitet, einmal ausgebucht zu sein. Einen Steinwurf entfernt liegt der Strand Lomés, der aber dem Touristen verschlossen bleiben muss. Ein Hinweisschild lässt den Besucher vielsagend wissen, dass das Hotel für »keine Peinlichkeit am Strand« verantwortlich gemacht werden könne. Am Strand kann es freilich auch gar nicht zu Peinlichkeiten kommen, denn dort fahren vom salzigen Atlantikwind rostig gefressene Bagger hin und her. Alte Mercedes- und Iveco-Lastwagen lassen sich mit Badesand beladen und quälen sich sodann durch den Strand zurück zur befestigen Straße.

Der Oppositionspolitiker fragt allen Ernstes, ob wir eine Idee hätten, wie Togo den Tourismus ankurbeln könne. Auch wenn das togolesische Tourismusministerium keinen Plan hat, wenigstens weiß das amerikanische Verteidigungsministerium, was es tut. In ganz Afrika bemüht sich das Pentagon darum, die Fähigkeiten afrikanischer Armeen zu verbessern, und in Westafrika heißt das vor allem, den Drogenschmuggel zu unterbinden. Dazu braucht es eine Küstenwache und eine leistungsfähige Marine, und es versteht sich von selbst, dass die meisten westafrikanischen Staaten weder das eine noch das andere haben. Am Pool des Sarkawa hat die amerikanische Marine daher begonnen, die togolesischen Marinesoldaten im Handwerk des modernen Matrosen zu unterweisen, ihnen also erst einmal Schwimmen beizubringen. Erst kürzlich stand hier ein halbes Dutzend amerikanischer Marines ratlos am Pool, während zwei Dutzend togolesische Matrosen hilflos im Poolwasser planschten.

Unter den Palmen nagen wir an Erdnüssen und laben uns an Drinks. Annika berichtet von ihrer Begegnung mit Peter Scholl-Latour, dem Enfant terrible der deutschen Talkshow-Kultur. Peter Scholl-Latour ist ungefähr seit dem Ende des Dreißigjährigen Krieges 1648 Experte für alles, was außerhalb Deutschlands geschieht, und hat überhaupt jeden Menschen schon einmal getroffen, nur mich nicht. Das kann Annika nun bestätigen. Sie, Annika, sei vor einem Jahr durch den Nahen Osten gefahren und habe dabei einen Abstecher in den Süden des Libanon gemacht, wo sie irgendein ehemaliges israelisches Gefängnis besucht habe. Dort sei plötzlich eine Mercedes-Limousine aus dem sprichwörtlichen Nichts aufgetaucht und habe schrecklich viel Staub aufgewirbelt. Es sei dann Peter Scholl-Latour mit einigen Begleitern ausgestiegen und habe eine Art Spaziergang unternommen, plötzlich habe er innegehalten und tatterig in irgendeine Richtung gedeutet, hinein in ein Tal, dabei habe er ausgerufen: »Da, ein Drusendorf!« Dann sei die Gruppe in die Mercedes-Limousinen gestiegen, Scholl-Latour habe zittrig seine Tür geschlossen, und die Autos haben aufbrausende Geräusche gemacht und seien Sekunden später durch eine Staubwolke verschluckt worden. Bislang sind mir die Drusen immer eher gleichgültig gewesen, sicher haben sie israelische Truppen gehen und UNO-Truppen kommen sehen, die Hisbollah hat ihr Dorf sicher auch schon mehrfach unsicher gemacht, und vielleicht waren gar syrische Agenten hindurchgefahren. Nun auch noch Peter Scholl-Latour. Wir bestellen noch eine Runde Gin Tonic, Annika lacht, und ich strenge alle Muskeln an, um meine geschwollenen Augen offenzuhalten, und tupfe meinen nässenden Ausschlag ab, der mir die Wiedereinreise in die Europäische Union sicher unmöglich machen wird. Ich habe Malarone abgesetzt, schaue verträumt in den Golf von Guinea, genieße das Gefühl verliebt zu sein und pfeife auf die westafrikanischen Militärs und die Drusen.

Zwei F-16 für einmal al-Qaeda
Pakistan, April 2010

Schon die Natur sträubte sich gegen die Idee, dass wir nach Pakistan reisten. Gemeinsam mit zwei Kollegen sollte ich dort gleich zwei Konferenzen beiwohnen, die sich um das nicht immer ganz einfache afghanisch-pakistanische Verhältnis drehten. Ein isländischer Vulkan mit dem denkbar beknackten Namen Eyjafjallajökull hatte das nach Kräften zu verhindern versucht. Eine Woche lang verdunkelte der nun schon, vor Wut Geröll und tonnenweise Asche speiend, den Himmel über Europa. Und weil das irgendwie noch nie vorher geschehen war, hatten die Behörden nicht nur den Flugraum über der isländischen Einöde, sondern in einem Akt bürokratischer Willkür gleich alle Flugkorridore geschlossen, und zwar auf der ganzen Welt.

Eigentlich. Denn tatsächlich ist der Himmel noch nie so klar gewesen wie in dieser Woche des von der Aschewolke verursachten Flugverbots, noch nie hat die Sonne mit so gleißendem Licht geblendet, und nie zuvor sind des Nachts die Sterne über Deutschland so klar zu sehen gewesen. Am Himmel über Frankfurt ziehen nur vereinzelte Frachtflugzeuge ihre Bahnen, die aus unerfindlichen Gründen trotzdem fliegen dürfen. Ich sitze am Boden und schaue mit einer Mischung aus Verzweiflung und Sehnsucht in den Himmel. Zur allgemeinen Überraschung und meiner speziellen Erleichterung stellt sich urplötzlich heraus, dass die Aschewolke längst verschwunden ist, ja es sie vielleicht gar nie gegeben hat. Das hatte nur freilich niemand bemerkt. So laufe ich nun mit einigen Tagen Verspätung über den Jetway in eine Maschine der Qatar Airways, die mich stundenlang nach Südosten fliegt, mich in Qatar an die Gestade eines sandigen Flughafengebäudes spült, wo ich schließlich mit zwei mitreisenden Kollegen im Nippesladen vierzehn lange Stunden vertrödeln muss, bevor uns schließlich ein als Anschlussflug angepriesener Jet nach Islamabad bringt. Schon der Name des Landes Pakistan beschreibt eigentlich alles andere als das Land selbst. Pakistan ist eine Abkürzung für Punjab, Afghanistan, Kaschmir und Sindh mit der addierten Endung -stan für Land. Das zumindest meinen manche Experten zu wissen. Unglücklicherweise gibt es aber auch noch Leute, die zu meinen glauben, Pakistan bedeute in Wahrheit das genaue Gegenteil, nämlich »Land der Reinen«, vom persischen pak, was wiederum so viel bedeute wie rein im Geiste. Dieser Auffassung kann freilich nur eine Regel zu Grunde liegen, wonach der Name eines Landes als reizender Kontrast zum eigentlichen Charakter des zu beschreibenden Staates zu wählen ist. Was nun stimmt, würde sich wohl erst nach meiner Rückkehr sagen lassen. Dann aber mit Gewissheit.

Am Flughafen der pakistanischen Hauptstadt ist es der Lage des Landes angemessen chaotisch. Billige Videokameras sind mit gammeligem Paketklebeband notdürftig an den Pulten der Einreisekontrolle angebracht worden und sollen dem Reisenden wohl vorgaukeln, hier nun biometrisch erfasst zu werden. Am Boden nutzen zahlreiche, verdächtig große Schaben die Spalten des Flughafenmobiliars, um sich zu verstecken und fleißig irgendwelche Krümel in einen Unterbau zu tragen. Das skeptische Sicherheitspersonal hat sich in graue Overalls geworfen und offenbar keine genauere Aufgabenbeschreibung. Dafür haben sich die Beamten versetzt im Eingangsbereich aufgestellt, um ja nicht den Eindruck zu vermitteln, der Staat würde hier die Sicherheit verbessern wollen. Ihre Hände auf dem Rücken verschränkt, schauen sie dem Treiben zu und zur Abwechslung mal der einen oder anderen Frau hinterher. Draußen ist es längst tiefe Nacht, einzig ein einzelner als Krankenwagen umfunktionierter Landrover mit überlebensgroßem roten Kreuz und einem kleinen Blaulicht auf dem Autodach steht im Lichtkegel einer verlassenen Straßenlaterne. Hier scheint nicht viel zu passieren. Irgendjemand ist dafür aus dem Nichts aufgetaucht und geleitet uns nun zu einem wartenden weißen Geländewagen, ohne dabei viele Worte zu verlieren. Der Fahrer hätte auch direkt von irgendeinem Taliban-Netzwerk kommen können, uns wäre das jetzt nicht aufgefallen. Überhaupt habe ich noch nie verstanden, warum sich die Islamisten zwischen Marokko und Pakistan darauf versteifen, ihre Opfer in komplizierten Feuerüberfällen und Hinterhalten zu entführen und sie nicht scheinheilig direkt am Flughafen abholen. Das wäre eigentlich für alle angenehmer und natürlich auch um ein Vielfaches einfacher.

In Islamabad donnern wir im verpflichtenden und respekteinflößenden weißen Geländewagen vom Flughafen in die Stadt, während wir links von uns haufenweise bunt bemalte Jingle-Trucks zurücklassen, die alle hundert Meter von der Polizei gestoppt werden. Wir hingegen rasen durch alle Kontrollen, ohne jemals angehalten zu werden, und sind nur eine Stunde später am Gästehaus, irgendwo mitten in der islamischen Hauptstadt. Meine Eltern hatten vor der Reise große

Sorge um die Sicherheit ihres Erstgeborenen bekundet, doch ich hatte alle Bedenken in den Wind geschlagen. Ich war immer schon wie Harrison Ford in »Air Force One«. Eigentlich war ich längst zu reif und zu weit gekommen, um handgreifliche Auseinandersetzungen noch zu meinem täglichen Leben zu zählen; sollten aber dennoch ein paar irre Terroristen mein Flugzeug stürmen oder meinen Wagen von der Fahrbahn zwingen, würde ich ihnen schon zeigen, was eine westliche Erziehung aus unscheinbarer Gelassenheit und wilder, abenteuerlicher Entschlossenheit in einem Mann zurücklassen kann. Die Welt: ein Tollhaus. Als der Wagen schließlich in tiefer Nacht vor das Gästehaus rollt, habe ich noch das in Europa weitverbreitete Bild von Pakistan im Kopf: dass hinter jeder Ecke ein Selbstmordattentäter hockt, der nur auf ein Bleichgesicht wartet, eine heilige Floskel spricht — »Wir haben uns viele Monde nicht gesehen« — und dann durch das gleißende Licht seines Sprengstoffgürtels die Zusammenkunft mit siebzig Jungfrauen herbeizuführen beginnt. Natürlich ist das grober Unfug. Selbst Osama bin Ladens Sohn hat das destruktive Wesen des heiligen Krieges längst erkannt, nachdem sein Vater ihn aufforderte, sich freiwillig als Selbstmordattentäter zu melden: »Mein Vater hasste seine Feinde mehr, als er seine Söhne liebte.«[1] Und weil wir schon zwei, drei Stunden hier und noch am Leben waren, war ich bereit uns den Halbzeitsieg zuzuerkennen.

Zwei schwere Eisentüren trennen uns vom Eingang des Gasthauses, davor sitzt ein vielleicht fünfzigjähriger Wachmann mit schief sitzendem Barett, blauem Overall eines Me-

---

[1] Nach Steve Coll: The Outlaw. Osama bin Laden's medieval aims and high-tech means. In: *The New Yorker*, 16. Mai 2011, S. 88-91. (Übersetzung durch den Autor).

chanikers und wirrer Barttracht auf einem Campingstuhl. Die rostige Kalaschnikow lose zwischen Händen und Beinen fixierend, den Lauf der Waffe ins Gesicht gerichtet. Er schreckt zusammen, steht kurzerhand auf und fuchtelt dabei umständlich mit der Knarre herum, nickt uns aufmunternd zu, zupft verlegen an seinem Barett, lässt sich wieder in seinen Campingstuhl plumpsen und nimmt die Kalaschnikow wieder so zwischen seine Beine, dass der Lauf direkt in seinen halboffenen Mund deutet. Dann setzt er seinen Schlaf für eine Weile unbekümmert fort. Entweder gibt er uns von vornherein keine Chance oder hat einen Draht zu den Leuten, die wissen, was für eine Chance wir haben.

Als unser Gastgeber am kommenden Tag mein Zimmer in Augenschein nimmt, um sicherzugehen, dass das Bett vom Fenster weggerückt ist und die Fensterscheiben mit splitterreduzierender Folie beklebt sind, und uns dann noch den Fluchtweg beschreibt, den wir aber keinesfalls alleine antreten sollten, bin ich nicht mehr ganz so sicher, ob Pakistan wirklich das unsicherste Reiseziel der Gegenwart ist. Um die Ecke liegt das Marriott-Hotel, das eineinhalb Jahre zuvor von einem Irren irgendeines radikalislamischen Terrornetzwerks fast zur Hälfte in die Luft gesprengt worden war und das nun von einer meterhohen Betonwand und allerlei Absperrungen umgeben ist. Um die andere Ecke kampiert das Militär (also: ein pakistanisches Berg- oder Grenzkorps), und an jeder zweiten Ecke hat sich ein Soldat in einem Sandsackbunker verschanzt und richtet den Lauf seiner Knarre mal hierhin und mal dahin. Von solchen Unwirtlichkeiten einmal abgesehen, fühlt sich Islamabad im April ein wenig wie ein Ausflug in die Toskana an. Und die liegt ja auch nicht in einem viel besser funktionierenden Staat.

Doch noch am ersten Tag unseres Aufenthalts werden wir in die Wirklichkeit zurückgeholt: Urplötzlich kommt es vor dem Haus zu einem infernalischen Klingeln. Meine Kollegen und ich schauen uns an und rennen sofort auf die Terrasse. Statt eines wilden Mobs erwartet uns vor dem Haus nur ein Eisverkäufer, der sich auf einem selbstgezimmerten Dreirad bis an das Gasthaus herangetreten hatte und nun Langnese-Eis loswerden will. Es ist weit und breit kein Kunde zu sehen. Der einzige potentielle Kunde ist der Wachmann, der allerdings schläft, ganz so, wie es seine Gewohnheit ist.

Der britisch-amerikanische Intellektuelle Christopher Hitchens hat die Haltung vieler Pakistaner einmal in besonders treffenden Worten beschrieben: »Wie auch andernorts, greift in Pakistan ein Krankheitsbild gemischt aus Selbstmitleid und Selbstgerechtigkeit um sich. Das nimmt hysterische und sich widersprechende Züge an: So wird man lautstark unterrichtet, dass ›jeder wüsste‹, die Juden hätten das World Trade Center in die Luft gejagt — obwohl bin Laden im selben heißen Atemzug genau dafür gelobt wird, es selbst getan zu haben.«[2] Trotz der allgegenwärtigen Präsenz des Militärs scheint dennoch nicht allen klar, dass der Terrorismus in den vergangenen Jahren vor allem ein Problem Pakistans geworden ist. Und das keineswegs, weil die Pakistanis den radikalen Islamismus generell für eine gute Idee halten, ganz im Gegenteil. Der radikale Islamismus lebt vielmehr von der Förderung durch den Militärgeheimdienst, des Inter-Services Intelligence (ISI). Die meisten Pakistanis halten das vernünftigerweise für völligen Irrsinn, sagen das aber nicht so geradeheraus, son-

2 Christopher Hitchens, *Love, Poverty, and War. Journeys and Essays.* New York, Nation Books, 2004, S. 438.

dern sprechen lieber umständlich davon, dass die Regierung (egal welche) zwar nicht nachvollziehbare Politik betreibe, am Terrorismus aber doch die Vereinigten Staaten schuld seien. Genauer werden sie in der Regel nicht. Ich hatte inzwischen einen anderen Indikator für den Zustand des Landes ausgemacht: Fast alle Frauen, auf die ich in Islamabad treffe, sind intensiv geschminkt und zu dem einen oder anderen Flirt aufgelegt. Das kommt fast wie von selbst und ohne jegliches, sonst übliches Drängen meinerseits. Solcherlei romantischen Firlefanz hätten die Taliban ganz bestimmt nicht gutgeheißen. Aber was die wollten, ist hier erst einmal zweitrangig, denn die Taliban können in Islamabad ohnehin nicht so richtig Fuß fassen. Denn um das zu verhindern, hat der gleiche Geheimdienst, der ansonsten die Netzwerke überhaupt erst finanzierte und am Leben erhielt, in den Bergen um die pakistanische Hauptstadt herum Soldaten und Agenten stationiert, die jede Bewegung wahrnehmen und sofort sonst wem melden sollen.

Wir können natürlich nicht ahnen, dass der Geheimdienst vielleicht nur deshalb so präsent ist, um zu verhindern, dass irgendwer mal etwas genauer nach Osama bin Laden sucht, der sich hier ebenfalls herumtreiben sollte. Wir düsen stattdessen mit dem weißen Wagen durch die Straßen Islamabads, wo uns mal der Weg sofort freigemacht wird, mal drastisch von irgendeinem Taxifahrer abgeschnitten wird. Ein Schlagbaum springt nach oben, ein Wachmann in einem türkisfarbenen Overall schwingt eine abgesägte Schrotflinte über seine Schulter, macht einen Schritt zurück, und der weiße Geländewagen jagt auf einen Parkplatz, wo er abrupt zum Halten kommt. Am Abend zuvor hatten wir in unserem Gasthaus nach Scotch verlangt, waren aber verständnislos angeblickt worden, auch das in allen Sprachen mehr oder minder gleich klingende Bier hatte beim Kellner leider keinerlei Aha-Moment ausgelöst, und so waren wir auf dem Trockenen geblieben und nun fatalerweise völlig nüchtern durch Islamabad gefahren, ständig mit der Angst im Nacken, der Wagen könne schon wer weiß wem aufgefallen sein. Nun weist uns jemand den Weg vom Parkplatz in Richtung des Dreamland-Motels, und wir passieren eine zweite Schleuse, an der ein Wachmann in Phantasie-Uniform gelangweilt Einblick in meine Tasche verlangt und uns dann noch gelangweilter den Weg deutet. Dann sind wir auch schon im Motel: In einem Treppenhaus aus lauter kleinen Spiegeln finden wir uns wieder. Hier hatte man sich offenbar vorgenommen in Sachen Kitsch selbst den Vatikan in den Schatten zu stellen und hatte dies auch gleich auf die Vorstellungszeremonien ausgeweitet. Sekunden später wird uns ein Schwall Menschen vorgestellt, deren Namen wir umgehend vergessen, so wir sie beim ersten Mal überhaupt verstanden hatten. Im Konferenzraum spricht irgendjemand zu dem großen historischen Vermächtnis Pakistans, und die »positives-Pakistan«-Initiative wirbt für gute Laune und dafür allen zu vergeben, um Konflikte zu lösen, nur das bei den Israelis nicht zu überstürzen. Dafür überhaupt erst einmal ganz ungeheuer stolz darauf zu sein, aus Pakistan zu kommen. Das ist so unerträglich, dass meine drei deutschen Kollegen und ich uns gehetzt nach etwas umsehen, womit wir den Besuch der ersten Konferenz noch etwas hinausschieben können. Also gehen wir in das kleine Restaurant des Motels, wo wir Tee trinken, mit einem der hunderten pakistanischen Honoratioren, deren Hintergrund sich besser erraten als beschreiben lässt und deren Habitus stets verrät, dass wir nun endlich die eigentliche intellektuelle Speerspitze Pakistans getroffen hätten und so tun, als wäre unser Treffen immer schon geplant gewesen. Was da genau gesprochen wird, vergessen wir ebenfalls, schon allein weil das Interieur der Teestube den Kitsch der Spiegelhalle noch in den Schatten stellt und in der Unterhaltung so viele Namen pakistanischer Politiker fallen, dass wir unmöglich folgen können. Das Restaurant wirkt wie eine schlechte Mischung aus einer Teestube in Fischerhude und pastellfarbenen Mondlandschaften. Der Tee ist so lauwarm, dass auch das Hinzugeben von Zucker die Konzentration nicht mehr retten kann. Überhaupt ist mir unbegreiflich, weshalb sich die halbe Menschheit im Islam verstecken soll, aber die Häuser und Moscheen angemalt werden, als wären sie Pariser Bordelle. Möglicherweise handelt es sich da um eine maskuline Übersprungshandlung. Außerdem hat uns der Alkoholmangel in einen Zustand steter Unruhe und innerer Aufruhr versetzt, so dass wir vor allem die Sorge wälzen, eine Woche lang gar nichts trinken zu können, und das, wo doch die alkoholinduzierte Vertiefung von Männerfreundschaften anzugehen und das minutiöse, zynische Notieren von pakistanischen Eigentümlichkeiten voranzutreiben war. Nach zwei Tagen lässt sich noch nicht irrsinnig viel über Pakistan sagen, über den Islam hingegen schon: Wer auch immer sich ausgedacht hatte, Frauen mögen sich verschleiern, Häuser hingegen mögen kitschig eingerichtet werden und der Rest der Welt solle das alles bitte auch noch nüchtern aushalten, der sollte dringend über seinen Beitrag zur Welt noch einmal nachdenken.

Der Mann, den wir hier zum Tee treffen, trägt Plateauschuhe, goldbeknöpftes Segelsakko und Fönfrisur und spricht nun von irgendwelchen bekannten pakistanischen Persönlichkeiten, so als müsse man die kennen. Ich habe deren Namen noch nie gehört, nippe stattdessen an meinem Tee, wünsche mir richtigen Kaffee und überlege, wie eigentlich alles hatte so kommen können. Unter General Pervez Musharraf sah die Kooperation mit dem Westen und vor allem den Vereinigten Staaten in etwa so aus: Musharraf offerierte einen al-Qaeda-Angehörigen, verlangte dafür Unbezahlbares und Washington und Islamabad trafen sich pragmatisch irgendwo in der Mitte, die etwa so aussah: zwei funkelnde F-16-Bomber im Tausch für einen wahnsinnigen Terroristen. Irgendwann erschien das auch den Amerikanern ein ungemein hoher Preis für ein paar Spinner mit runden Filzhüten aus dem paschtunischen Stammesgebiet und einer Kalaschnikow zu viel in der Hand, die sich den Bart rot färben und allen erzählen, Kommunismus und Demokratie seien keine so guten Ideen, dafür aber fünf Mal am Tag nach Mekka beten und Frauen unterdrücken und sich dafür auch noch von denen bezahlen ließen, die sie wahlweise in die USA auslieferten oder nach Afghanistan in einen blutigen Kampf gegen die Vereinigten Staaten schickten.

Überhaupt hatte Musharraf aus solcherlei Handel eine Art Kunstform gemacht. Dass die pakistanische Regierung auf diese Weise aber immer nur Bauernopfer nach Guantanamo schickte, musste früher oder später natürlich auch der amerikanische Geheimdienst bemerken. Außerdem hatte Musharraf sich angewöhnt, Washington immer wieder freie Wahlen in Pakistan zu versprechen, am nächsten Tag aber irgendetwas zu unternehmen, das nach noch größerer Willkür aussah. Mal weigerte er sich, seine Armeeuniform auszuziehen, dann wieder feuerte er irgendeinen vermeintlich unabhängigen Richter. Kurz: Er brachte den Westen in steter Regelmäßigkeit gehörig auf die Palme. Dafür findet Muddassar, einer der pakistanischen Wissenschaftler, mit denen wir die ersten Tage verbringen, die passenden Worte. Das eigentliche Problem der Vereinigten Staaten sei während der Bush-Jahre schon darin zu finden gewesen, dass Musharraf immer alles dominiert habe. Sowohl in Pakistan als auch in Afghanistan hätte sich Amerika auf einen vermeintlich starken Partner verlassen, Musharraf hier, Karzai da. Funktioniert habe das gelegentlich mäßig, manchmal nicht so gut, meist aber doch gar nicht. Das scheint nicht nur ein Problem der amerikanischen Politik der letzten Jahre zu sein. Lawrence Wright brachte das im *New Yorker* einmal ganz treffend auf den Punkt. Schon während des Kalten Krieges unterstützten die Vereinigten Staaten Pakistan und ließen Indien weitgehend links liegen. Nach dem Ende des Kalten Krieges und den Terroranschlägen islamischer Radikaler habe sich das verstärkt. Das Resultat sei allerdings bedauernswert ernüchternd: Aus Indien sei exakt jener Staat geworden, den Washington in Pakistan habe schaffen wollen, während Pakistan eben in den Abgrund gestürzt sei.[3]

Wir stellen die leeren Teegläser zurück auf ihre Untersetzer und sehen der Realität ins Auge. Sonst hätten wir die auch einfach leugnen können, aber nach zwei Tagen Alkoholabstinenz hatte diese sich in völlig unerträglicher Weise in unserem Dasein eingenistet. Zum Glück ist die Präsentation der »positives-Pakistan«-Initiative fast vorbei, und einige Zwischenrufe machen auch dem etwas schmierigen Vortragenden deutlich, dass es an der Zeit ist, das Podium zu räumen. Leider stürzt er dann sofort auf uns zu und drückt uns seine Pamphlete in die Hand, auf denen er Frieden fordert – nicht ohne seinen Hass auf Israel noch mal kundzutun. Ein paar Pirouetten später ha-

---

3 Lawrence Wright, The Double Game. The unintended consequences of American funding in Pakistan. In: *The New Yorker*, 16. Mai 2011, S. 91-95.

ben wir uns aus der Traube gelöst und sind endlich in die gleißende Nachmittagssonne gelangt. Im Garten des Motels sind es mittlerweile fünfundvierzig Grad, und um der Sonne ein bisschen Schatten abzutrotzen, hat irgendwer ein Riesenzelt aufgebaut. Unter der Zeltdecke tummeln sich etwa hundert Pakistanis, an mehreren Ecken gibt es einladendes pakistanisches Essen, das da freilich schon etwas länger steht. Zu unserem Glück ist Pakistan in einer eigenartigen Stasis gefangen. Einerseits führt das Land einen Bürgerkrieg, der es zu zerreißen droht. Andererseits ist es eine feudale Gesellschaft, in der wir als Europäer offenbar einen natürlichen Anspruch auf eine etwas bessere Behandlung haben. Unter dem orangefarbenen, riesigen Laken, das den gesamten Garten überspannt, kreisen tausende Fliegen über den offenen Schalen mit Reis, Curry und Fleisch. In eine Ecke des Zeltes hat jemand einen einzelnen Tisch gestellt, damit sich zumindest die Honoratioren unter einen Ventilator setzen können. In diesem Moment verstehe ich plötzlich eine Menge der Psychosen des Peter Scholl-Latour, es ist fast so, als müsse Scholl-Latour ganz allein die Last des weißen Mannes tragen, weil alle anderen weißen Männer nicht mehr wissen, was für eine Last das eigentlich ist. Wirklich kühlen kann der Ventilator zwar nicht, aber pflichtschuldig eilen sogleich ein paar Burschen herbei, die die Honoratioren von den Plätzen jagen und den Ventilator zu uns stellen.

In der Menge stehen deutlich zu alt gewordene Pfadfinder, und irgendwo dazwischen taucht plötzlich eine junge, blonde Frau auf, deren Profil eleganter ist als alles, was ich jemals in meinem Leben gesehen habe, und deren Lachen zu ihren erotischen Lippen ganz hervorragend passt. Ich schlendere zu ihrer Gruppe, wir schauen uns an, und ich warte noch auf einen Moment in das Gespräch einzudringen und irgendwie subtil herauszubekommen, wer sie ist. Nicht, dass das jemals vorher funktioniert hätte, und auch dieses Mal scheitere ich kläglich. Die Pfadfinder haben uns entdeckt und beginnen mit dem großen Europäer-Bingo; alle zwei Minuten taucht irgendwer auf und will ein gemeinsames Foto machen. Zuerst kommt ausgerechnet eine Gruppe Somalis, ich schüttele einhundert Somalis und Pakistanern die Hand, und dann ist die schöne blonde Frau verschwunden. Mein Verhältnis zu Frauen ist, wie wohl bei jedem Mann, von unstillbarem Verlangen und in kurzen Intervallen auftretendem Mangel an Sensibilität geprägt. Kurz bevor ich nach Pakistan flog, hatte mir eine koreanische Bekannte ihre Zuneigung gestanden, und das, während ich einer Kollegin aus Bonn meine Vorzüge subtil anzupreisen versuchte. Die koreanische Bekannte bot daraufhin, eigentlich löblich, ihre eigene Gesellschaft an: »Nimm doch mich, ich Schnäppchen bin.« Ich erwiderte, dass ich gerade dabei sei, um es metaphorisch auszudrücken, den letzten Cent meiner Finanzierung für den Jaguar auszuhandeln, und sie würde mir nun empfehlen, doch den Honda Civic zu nehmen. Noch Wochen später erklärte sie mir, sie werde nun ein Jaguar werden, wozu ich sie stets beglückwünschte. Ich aber erfahre längere Strafe: Noch heute erhalte ich ausgiebig Schelte von meiner besten Freundin für meinen unmöglichen Vergleich. Doch in dem Zelt unter brütend heißer pakistanischer Sonne habe ich mich praktisch augenblicklich verschossen und wandere nun verknallt durch den Garten in der Hoffnung, ebendiese Frau irgendwo ausfindig zu machen. Ein wenig später bekomme ich durch geschicktes Fragen Eingeweihter ihren Namen heraus. Nadia hat große, grüne Augen, wundervolle Lippen und tolle Grübchen, wenn sie sich zu einem Lächeln durchringt.

Nadia ist genau jene Ablenkung, die das Zusammentreffen mit dem politischen Pakistan irgendwie erträglich macht, vor allem weil sie sich meiner Aufmerksamkeit so konsequent entzieht. Stattdessen werde ich immer wieder von der Realität eingeholt und mit der pakistanischen Sicht der Dinge konfrontiert. Dov Zakheim, der während der Amtszeit der Bush-Regierung im amerikanischen Verteidigungsministerium für die Finanzierung des Krieges gegen den Terrorismus sorgen musste, dann die undankbare Aufgabe hatte, Afghanistans Wiederaufbau zu koordinieren, und auf viele Jahre im Mittleren Osten zurückblicken konnte, berichtete in seinen Memoiren von seiner ersten Reise nach Pakistan nach dem 11. September 2001. Eigentlich wollte er über finanzielle Leistungen an die pakistanische Regierung verhandeln, mit denen Pakistan für die Operationen an der Grenze zu Afghanistan bezahlt werden sollte. Doch die pakistanische Generalität lieferte genau das gleiche Briefing, das sie seit seinem ersten Besuch in Islamabad 1985 lieferte. Indien war auch nach dem 11. September 2001 Pakistans größtes Problem.[4] Und ich bin nur noch erstaunt, wie vertraut mir das von ihm überlieferte Briefing urplötzlich vorkommt. Mit geradezu stoisch erscheinender Vehemenz werden wir im Dreamland-Motel mit dieser Art des Denkens konfrontiert: Israel sei verantwortlich für die ganze zugespitzte Situation, zumindest mehr so im Grundsätzlichen, die Amerikaner würden natürlich alles schlimmer machen, und mit den Indern, das würden eigentlich nur die Chinesen so richtig verstehen, sei eh kein Staat, geschweige denn Frieden zu machen. Und nach dieser er-

---

4 Dov S. Zakheim, *A Vulcan's Tale. How the Bush Administration Mismanaged the Reconstruction of Afghanistan*. Washington, Brookings, 2011, S. 116.

staunlich realitätsfremden Bestandsaufnahme herrscht in der Regel Einigkeit und Unverständnis über mein Diskussionsbedürfnis. Denn die pakistanische Elite legt nach dieser Feststellung die Hände in den Schoß und strebt allenfalls irgendwo ein Cricket-Spiel oder Poloturnier an. Mich macht diese Haltung schon nach wenigen Stunden komplett wahnsinnig, und ich entscheide mich für das Radikalprogramm: Israel verteidigen und den Pakistanern erklären, dass sie zwar auf der gegenüberliegenden Seite des Raumes Indien und die Vereinigten Staaten sehen könnten, sich aber trotzdem mal umdrehen sollten. Sie stünden mit dem Rücken zur Wand, ganz gleich, wie stoisch sie in die andere Ecke des Raumes starren. Es ist nämlich, und da bin ich mir auch nach zwei Tagen in Islamabad noch sicher, keineswegs ein Zeichen ausgezeichneter Stabilität, dass an jeder Ecke Soldaten Miniaturbunker und Sandsackstapel besetzt halten und alle dreihundert Meter Straßensperren aufbauen müssen.

Zurück im Konferenzsaal singen die pakistanischen Pfadfinder ihrem eigenen Land ein Ständchen, offenbar um auch die eigens angereisten Afghanen von der unbestreitbaren Großartigkeit ihres südlichen Nachbarn zu überzeugen, während ein kleinwüchsiger Pakistaner mit Sprüchen, die er von Jürgen Fliege geklaut haben musste, die Menge aufpeitscht. Dann singen wieder die pakistanischen Pfadfinder und setzen gegen aufkeimenden Widerstand durch, weitersingen zu dürfen. Sie alle, so viel verstehe ich gegen den pakistanischen Knabenchor, seien jetzt Führungspersönlichkeiten. Sie sollen nur daran arbeiten. In der ersten Reihe des Raumes stehen speckige Sofas, auf denen sich die Honoratioren aus dem Garten inzwischen niedergelassen haben, ich schaue mich nach Nadia um und finde sie schließlich irgendwo am Rand auf einer

Stuhlreihe sitzend, und dann verliere ich mich in Gedanken, die gleich aus zweierlei Gründen Abwege ins Erotische nehmen. Einerseits schaut sie nicht weg, als sich unsere Blicke treffen, andererseits hat sie eine tolle Art, ihre Haare über ihr Ohr zu legen. Die speckigen Sofas werden freigeräumt, als Europäer sind wir ja jetzt die Honoratioren. Dann kämpfe ich stundenlang gegen anhaltende Müdigkeit, kneife mir selber in den Unterarm, um nicht einzuschlafen, und halte mich mit Gedanken Nadia betreffend wach. Ich stoße einen Seufzer der Erleichterung aus, als wir aus dem stickigen Raum ins Freie geleitet werden. Man wolle noch ein paar Fotos machen.

Zwei Dutzend feuchte Händedrücke, einen verstohlenen, gierigen Blick auf Nadia und drei inhaltslose Konversationen später wird endlich der weiße Geländewagen wieder vorgefahren, und eine weitere Amokfahrt durch Islamabad beginnt. Ausgerechnet gegenüber vom Dreamland-Motel hat irgendjemand einen Dinosaurier-Park eingerichtet. Und wann immer der Geländewagen auf der Straße vom Dreamland-Hotel ins Marriott in eine der verbreiteten Straßensperren gerät, schaut ein T-Rex mit weit aufgerissenem Maul über die Szenerie, bereit, das gesamte Land augenblicklich zu verschlingen. Irgendjemand muss die wirre Idee gehabt haben, die Betonklumpen, die hier als Straßensperren dienen, mit Werbung zu beschriften. Auf jedem zweiten Beton-Poller und auf jeder Betonsperre steht nun in großen, bunten Lettern »tasty«, was so viel wie lecker bedeutet. Für welches Produkt oder welchen Umstand hier geworben wird, lässt sich nicht herausfinden. Hinter den Pollern steht meist ein Betonkabuff, aus dem ein Polizist mit Sturmgewehr misstrauisch in die Gegend lugt. Was auch immer sich die pakistanische Polizei dabei gedacht haben muss, es bleibt unklar.

Das Ziel solcher Reisen ist eigentlich, stets irgendwie informierter nach Hause zu fliegen, ein eindeutigeres Bild von der Lage zu erhalten und noch Jahre später mit viel Überzeugung etwas besonders Kluges vom eigenen, kürzlich gewonnenen Eindruck in der Gefahrenzone berichten zu können. Doch hier in Pakistan sind keine eindeutigen Stellungnahmen zu bekommen, die in Europa expertenmäßig hätten wiedergegeben werden können. Inzwischen sind wir zu Islamabads Universität gefahren, die in einem dichten Wald liegt und deren Gebäude auch in Gabun oder Somalia hätten stehen können, ohne dass es irgendwem aufgefallen wäre. Mit blauer Farbe hat jemand die verschiedenen Fakultäten stümperhaft auf weiß getünchte Gebäude gemalt. Hier und da stehen klapprige Busse, die den Namen der Universität auf ihren Seiten tragen und hunderte identisch gekleideter Studenten ausspucken. Es ist brüllend heiß, doch statt mit der drückenden Hitze zu hadern, strömen die Studenten an mir vorbei zu den Bürotischen, an denen die Taschen verschenkt werden, ohne die heute keine Konferenz mehr stattfinden darf. Wenn es überhaupt irgendwo ein Universitätsgebäude gibt, bei dem ständig mit dem plötzlichen Auftauchen von großen, todbringenden Spinnen gerechnet werden muss, dann steht es auf dem Campus dieser Institution für höhere Bildung. Unter der niederschmetternden Hitze und unter dem Geschrei irgendwelcher Zirpen, klebt der schwarze Anzug inzwischen besonders fest an der Haut, und da die Klimaanlage alle fünfzehn Minuten ausfällt, weil das Stromnetz wieder mal zusammengebrochen ist, setzt auch bei den ganz abgehärteten Konferenzbesuchern alkoholinduzierte Schnappatmung ein. Es musste, so legte der Mundgeruch des einen oder anderen nahe, irgendwo doch Alkohol geben. Hier aber sitzen sie nun, die außenpolitischen Experten Pakistans und Afghanistans. Die afghanischen Experten haben sich fest vorgenommen, möglichst Unverbindliches und zugleich Absonderliches zu sagen. Ihre Auffassung lässt sich, sofern man bereit ist, ihnen mit ein wenig intellektueller Substanz unter die Arme zu greifen, etwa so zusammenfassen: Allah ist gut und will Frieden, deswegen wollen auch die Afghanen gut sein und alles Erdenkliche für den Frieden unternehmen. Obwohl Pakistan und Afghanistan nicht gerade freundschaftliche Beziehungen zueinander pflegten, sind hier alle bemüht, das nicht auch noch öffentlich zu zeigen. Findet sich jemand zu einer eindeutigen Stellungnahme bereit, widerspricht sie meist der gerade zuvor gehörten. Die völlige Uneinigkeit meiner Gesprächspartner treibt Blüten, die in jedem ostdeutschen Landtag und jedem rheinischen Karnevalsverein zu hitzigen Debatten geführt hätten. Hier aber sind sich erst mal alle einig, nur damit dann jeder darauf hinweisen kann, wie recht er selbst hat und eigentlich auch immer schon hatte. Um den Kollegen aber nicht zu demütigen, pflichtet jeder jedem erst einmal bei, gerade so, als ließen sich die Widersprüche eh nicht erkennen:

Der pakistanische Sicherheitsberater (im Brustton der Überzeugung): »Religion ist wichtiger als Tradition.«

Der afghanische Politikprofessor (keinen Widerspruch duldend): »Tradition ist selbstverständlich wichtiger als Religion, so wichtig die auch ist.«

Der pakistanische Politikwissenschaftler (von oben herab): »Mullahs sind praktisch viel mächtiger geworden als die traditionell verankerten Stammesältesten.«

Der afghanische Präsidentenberater (freundschaftlich und verbindlich): »Für jeden erfolgreichen Friedensprozess sind Stammesälteste natürlich viel bedeutender als irgendwelche Prediger.«

Der deutsche Journalist (mit viel Erfahrung, deshalb in

ruhigem Tonfall): »Präsident Karzai ist Teil des Problems, inzwischen vielleicht sogar die größte Hürde für den Frieden in Afghanistan.«

Der afghanische Wissenschaftler (mit Gewissheit): »Ohne Karzai ist Frieden in Afghanistan unmöglich.«

Die amerikanischen und europäischen Politikberater (einmütig indoktrinierend): »Wichtig sind vor allem der Ausbau der bilateralen Beziehungen und die Schaffung belastbarer Strukturen.«

Der pakistanische Politikberater (launig): »Manchmal schaffen erst hohe Mauern wirklich gute Nachbarschaft.«

Ein anderer Politikwissenschaftler aus Pakistan (nebulös): »Es gibt kein freies Essen in den internationalen Beziehungen!« Dann (nachschiebend): »Aber die Grenze zu Afghanistan können wir natürlich ohne weiteres sichern, wenn das dann irgendeiner wirklich wollen würde.« (Es folgt etwas Unverständliches über Amerika.)

Und dann sagt noch irgendwer, ohne dass sich ein Zusammenhang je wird rekonstruieren lassen, er sei Afghane und fürchte daher nur Gott. Was meist ein gutes Zeichen dafür ist, dass jemand so ziemlich alles Irdische fürchtet.

Der zu Unrecht renommierte pakistanische Beobachter Ahmed Rashid hat den ganzen Krieg in Afghanistan als einen einzigen Sturz ins Chaos bezeichnet, und mir dämmert allmählich, dass er damit ganz ungemein untertrieben haben könnte. Aber die wohl entscheidende Frage stellt hier bislang niemand: Ist in Pakistan eigentlich der radikale Islamismus das Problem oder das doppelte Spiel des pakistanischen Militärgeheimdienstes, des Inter-Services Intelligence (ISI)? So etwas wird ja in der Regel nicht diskutiert, denn offiziell gibt es ja gar kein Problem mit dem Islamismus in Pakistan. Und wenn sich das

Thema nicht umgehen lässt, dann nur, wenn gleichzeitig das böse Spiel Indiens kommentiert werden darf (was auch immer das gerade sein soll).

Der pakistanische Militärgeheimdienst hat es sich auch nicht gerade zur Angewohnheit gemacht, vorbehaltlos mit westlichen Staaten und deren Nachrichtendiensten zu kooperieren, und bekämpft die Netzwerke der Taliban immer erst dann, wenn sie wirklich zu einer Gefahr für den pakistanischen Staat geworden sind. Diese Strategie hat nur zwei Haken. Einerseits sind die Netzwerke radikalislamischer Milizen dann längst eine Gefahr für den afghanischen Staat, und folglich hat Afghanistan von der Kooperation mit dem Militärgeheimdienst Pakistans rein gar nichts. Andererseits hat die pakistanische Regierung sich erfolgreich eingeredet, dass Indien viel schlimmer ist als jedes Taliban-Netzwerk. Daran glaubt die Regierung inzwischen so sehr, dass sie immer erst dann bemerkt, dass diese Netzwerke sich zu einer wirklichen, lebensbedrohlichen Gefahr für Pakistan entwickelt hatten, wenn es eigentlich zu spät ist. Eigentlich ist Pakistan wie ein Staat, dem seit Jahren Krebs mit übler Metastasenbildung diagnostiziert wird. Nur dass Pakistan auf die Diagnose stets gelassen erwidert, dass es ja immer noch die Chemotherapie gebe, also jede Sorge Ausdruck unangebrachter Panikmache sei. Das sollte den einzigen Partner, der da noch helfen konnte, die Vereinigten Staaten, eigentlich in den Wahnsinn treiben. Doch wann immer Washingtons Geduldsfaden reißt – und das ist erstaunlich selten der Fall –, besucht der pakistanische Präsident einfach die chinesische Hauptstadt und sendet so das Signal, er brauche Washington ja eigentlich gar nicht. Das stimmt so natürlich nicht, denn der ganze Stolz Pakistans, seine Armee und das ins Absurde ausfernde Nuklearprogramm, sind auf amerikanische Duldung und Gelder angewiesen. Aber dem pakistanischen Regime ist das eindrucksvolle Kunststück gelungen, diesen Umstand vor dem Rest der Welt geheim zu halten, und hat es dabei auch noch fertiggebracht, dem Westen weiszumachen, dass nur völlige Tatenlosigkeit angesichts des pakistanischen Wahnsinns Stabilität und Sicherheit garantieren könnten. In Washington tun sich die führenden Köpfe der amerikanischen Außenpolitik schwer, Pakistan wirklich unter Druck zu setzen. Pakistan hat den wahrscheinlich eindrucksvollsten Spagat der jüngeren Geschichte geschafft. Auf der einen Seite ist es die am schnellsten hochrüstende Nuklearmacht der Welt, auf der anderen Seite haben im Westen alle Angst, dass nur ein kleines bisschen mehr Druck den Staat über die Klippe und in den völligen Kollaps schicken könnte. Also vermeidet der Westen das Zweite und findet sich mit dem Ersten irgendwie ab. Und nur weil irgendwer in Washington, London oder Berlin mal dieses Dilemma besonders beschönigend beschreibt und dann behauptet, diese Beschreibung sei schon eine Strategie, heißt das noch lange nicht, dass irgendwer wirklich einen Plan hat.

Die Taliban haben sich in der Zwischenzeit auf die paschtunisch besiedelten Grenzgebiete zu Afghanistan konzentriert und dort allerhand Unheil gestiftet. Der allgemeine Schlendrian hat die Taliban aber selbst dort noch auf die Palme getrieben und den Entschluss reifen lassen, den gottlosen Staat in die Knie zu zwingen. Aus heiterem Himmel, zur Überraschung der pakistanischen Regierung und des ISI und zum Entsetzen der internationalen Gemeinschaft, hatten sie sich im Herbst des Jahres 2009 angeschickt, das relativ zentrale und bei Touristen beliebte Swat-Tal zu besetzen und damit der Regierung zu demonstrieren, dass ein munteres Nebeneinanderherleben nicht unbedingt der wahrscheinlichste Ausgang des schon seit Jahren schwelenden Konflikts sein würde. Das hat nun zweierlei zur Folge: Einerseits fragen sich Beobachter, Politiker, Wissenschaftler und Journalisten, weshalb die Regierung überhaupt ein Netzwerk unterstützt, mit dem es offenbar einen Krieg führt. Andererseits schien die pakistanische Regierung dermaßen überrascht, dass sie zunächst in hektisches Gerede verfiel und sich dann entschloss, nichts zu tun. Um dieser Strategie zum Erfolg zu verhelfen, einigte sie sich mit den Taliban auf einen Waffenstillstand. Die hatten den naturgemäß etwas anders interpretiert als der Rest der Welt, nämlich so, dass sie im Swat-Tal tun und lassen könnten, was immer sie wollten, dafür aber das Recht hätten, in den Nachbarprovinzen weiter gegen die Regierung zu kämpfen. Sie hatten also ganz offenbar angenommen, dass Waffenstillstand mit der bedingungslosen Kapitulation der Gegenseite gleichzusetzen sei. Darauf hatten Vereinigte Staaten und Europäische Union die pakistanische Regierung hingewiesen, dass die freiwillige Aufgabe des Gewaltmonopols noch keinem Staat in der Geschichte der Menschheit sonderlich gut bekommen sei. Worauf die Regierung Pakistans erwiderte, der Rest der Welt solle sich nicht einmischen, denn der verstünde einfach die sogenannten Gepflogenheiten der Region nicht. Dann kam es genau so, wie vom Westen vorausgesagt, und die Taliban knatterten mit ihren Mopeds und geschulterten Knarren auch in die nächste Provinz und machten da allerhand Rambazamba. Der Regierung blieb nach einer Weile andauernder Angriffe auf Nachbarprovinzen und offen zur Schau getragener Besorgnis, gepaart mit allgemeiner Hilflosigkeit, doch nichts anderes übrig, als die Terroristen in einer groß angelegten militärischen Operation aus dem Tal zu vertreiben. Dann hieß es vielsagend, der Waffenstillstand habe ja eh immer nur temporär gelten sollen.

Dass die Islamisten Anstalten machten, ganze Distrikte zu überrennen, warf die nicht so ganz unberechtigte Frage auf, wozu die Vereinigten Staaten und ihre Alliierten eigentlich jedes Jahr hundert Millionen Dollar nach Pakistan überweisen, wenn am Ende ein Haufen Taliban auf ein paar alten Yamahas einfach in irgendeinen beliebigen Ort fahren, dort mit der Kalaschnikow herumwedeln und dann die Herrschaft eines wirren globalen Kalifats proklamieren konnte. Und dann gibt es da noch ein paar Stimmen, die mit der gewagten These Aufmerksamkeit verlangen, der Führer der al-Qaeda höchstselbst, Osama bin Laden, könne sich vielleicht in Pakistan aufhalten, was das pakistanische Militär stets mit großer und unangemessener Empörung als völlig irre Spekulation zurückweist. Ein solch entschiedenes Dementi kann eigentlich nur einen Schluss nahelegen: bin Laden ist ganz bestimmt in Pakistan. Eineinhalb Jahre später musste das pakistanische Militär kleinlaut einräumen, sich eventuell geirrt zu haben, allerdings erst, als amerikanische Spezialkräfte bin Laden in Abottabad aufgespürt und getötet hatten. Ausgerechnet Abottabad, eine kleine Garnisonsstadt, keine hundert Kilometer von Islamabad entfernt. Also direkt auf dem Treppenabsatz des pakistanischen Militärs und damit praktisch vor unserem Gästehaus, vor dem eben noch Langnese-Eis angepriesen wurde. Noch später musste der pakistanische Geheimdienst in nebulösester Manier auch noch einräumen, davon doch auch etwas geahnt, schlimmstenfalls sogar gewusst zu haben. Doch statt einzugestehen, dass es nun nicht der beste Alliierte des Westens ist, hat Pakistan beleidigt begonnen, dem gemeinsamen Kriegseinsatz in Afghanistan und Waziristan mächtige Steine in den Weg zu legen.

In Pakistan selbst kann ich diesem Dilemma der Sicherheitspolitik nur durch reguläres und intensives Trinken entkom-
men. Wir schlendern durch Islamabads Straßen und sind genau da richtig, wo wieder ein paar Wachmänner in Overalls
und lange nicht gesäuberten Knarren hilflos vor einem Tor
stehen und in den Himmel oder auf den verhassten Nachbarn
zielen. Auf dem Rasen haben ein paar Burschen riesige Tische
aufgebaut, und weißgekleidete Lakaien schenken an einer verdächtig leeren Bar Limonade aus. In die Garageneinfahrt war
ein sehr fleischhaltiges Buffet gequetscht worden. Zwischen
den beiden Tischen der pakistanischen und afghanischen
Nachwuchswissenschaftler werden zarte zwischenmensch-
liche Bande geknüpft (man dreht sich kurz zueinander um).
Dann macht das Wort die Runde, es könnte in irgendeinem
Büro noch eine geheime Bar geben, an der die alkoholischen
Getränke ausgeschenkt würden. Regelmäßig wurden faden-
scheinige Vorwände erfunden, den Weg ins Haus anzutreten.
Nach ein paar Stunden sind alle betrunken, und die Vorwürfe
an Washington gleiten vollends ins Absurde. Nawaz, pakistanischer Nuklearstratege, hat sich an der Geheimbar offenbar
schon reichlich bedient und torkelt nun regelmäßig auf die
Veranda, was angesichts der Schwere und Fülle seines Kör-
pers durchaus als beachtliche Leistung gelten muss. Er nippt
am Scotch und zündet sich eine dicke Zigarre an, die er dann,
das pakistanische Leben lobend, genüsslich schmaucht. Einer
gelegentlich vorbeihuschenden Studentin schaut er zunächst
verträumt, dann lüstern hinterher. Zwei Gläser später nimmt
er sich ein Herz und zischt ihr durch seine wulstigen Lippen
etwas Anzügliches zu. Noch ein Glas später führt er einen
sehr einseitigen, taktilen Kontakt herbei. An anderen Tischen
stehen verloren die Mitarbeiter deutscher Entwicklungshilfeagenturen in nach Pakistan geschleppten C&A-Hemden.

Zwischen den afghanischen Frauen- und Männertischen gibt es immer noch sporadischen Kontakt. Jede Kontaktaufnahme wird vom restlichen Tisch diskutiert und auf die Aussicht einer dauerhaften Verbindung hin abgeklopft. Die Wachmänner haben die Wachaufgabe aufgegeben und bedienen sich stattdessen am Buffet. Hier und da verschwindet ein Paar, um intensiver über die Zukunft Pakistans zu diskutieren. Pakistan: ein zerrissenes Tollhaus. Ich kann die allgemeine Orientierungslosigkeit nur überwinden, indem ich mich auf andere Dinge konzentrierte: Nadia trägt wieder ein sehr afghanisches Gewand in gedeckten Farben, was mich daran erinnert, wie Bernd Begemann auf einem Konzert in der Frankfurter Brotfabrik plötzlich und abrupt innehielt, auf afrikanisch inspirierte Bilder mit stümperhaft gemalten Tieren zeigte (sie waren abstrakt zweidimensional gehalten) und in den Raum stieß: »Für euch habe ich nur ein Wort: Ethno.« Trotz des Eso-Ethno-Schicks sieht Nadia umwerfend aus, was ich zum Anlass nehme, mich ausgiebig unreifen, aber jüngst verstärkt beflügelnden Phantasien hinzugeben. Als wir ins Gästehaus gelangt sind, lungere ich noch eine Weile auf der Terrasse herum, immer in der Hoffnung, Nadia würde in einem leichten Gewand meine Gesellschaft suchen und dabei vielleicht gleich ihre Arme sehnsuchtsvoll um meinen starken Torso schlingen. Doch an ihrer statt kommen nur zwei Bedienstete des Hauses und schauen mich verdächtig an.

Am folgenden Morgen hat uns der Geländewagen wieder aufgesogen, und wir donnern vorbei am dürftig aussehenden Dinosaurier-Park, von dem der vertraute T-Rex vor der Sonne Pakistans hungrig auf Islamabads Verkehrskreisel blickt, an Polizeikontrollen mit kleinen Bunkern, in denen Polizisten mit Waffen im Anschlag und Tunnelblick an Fahrzeugen vorbeistarren, vorbei an verrückten Taxifahrern, die grundsätzlich alle anderen Verkehrsteilnehmer schneiden. Andauernd versperren Beton-Poller den Weg, der Wagen muss alle naselang wenden, um auf eine andere Straße zu gelangen. Alles scheint wie eine groß angelegte Verschwörung, das Rechtsabbiegen unmöglich zu machen. Zur Abwechslung hat es auch mal geregnet, und das Klima ist nun so mild, dass ich annehme, mein Scotch-induzierter Kater hätte mich in einen dauerhaften Fiebertraum geworfen. Tatsächlich ist es in Islamabad nach einem Regenguss unendlich schön, die Luft zwar klar, aber gefüllt mit Gerüchen, die von der Wärme des Bodens künden. Islamabads Golfclub liegt schräg gegenüber des Dinosaurier-Parks. Zumindest kommt mir das so vor, nach hundertfachem Linksabbiegen kann das ja niemand mehr so ganz genau sagen. Unser Kollege hatte vorgeschlagen, den Tag nach dem Gelage mit einem entspannten Golfspiel zu beginnen. Ich habe nie vorher Golf gespielt und stehe nun neben einem kleingewachsenen Pakistaner, der für diesen Sport mehr Talent mitbringt als irgendeiner von uns. Der Trainer schleppt einen Eimer mit Bällen heran und unterweist mich in der Technik zum Abschlagen der Bälle. Eine Technik, die ich überhaupt nicht begreife, obwohl ich zu allem, was er sagt, sehr verständnisvoll nicke. Eine geschmeidige Bewegung also? Kein Problem! Dann schlägt der Golfschläger in den Boden, und der Ball sprang mal hierhin, mal dahin. Hin und wieder treffe ich den Ball sogar richtig, und er fliegt mal zwanzig, mal zweihundert Meter weit. Manchmal springt er auch ins Nichts. Ich verrenke mir dabei irgendwie den Rücken und sehne mich nach einem Scotch oder einer Rückenmassage von Nadia.

Lange muss ich zum Glück nicht warten, denn am frühen Abend sind wir wieder im Golfclub, diesmal um zu essen und Kollegen zu treffen. Irgendwie habe ich es hinbekommen, mit Nadia allein über die lange Veranda des Clubs zu spazieren und die frische Luft eines lauwarmen Abends einzusaugen. Mit zwei Gläsern lehnen wir an der Brüstung des Clubs und schauen verträumt in den Abendhimmel. Nadia und ich haben diese letzte Gelegenheit genutzt und es endlich zu einer Unterhaltung gebracht, die tatsächlich persönlich, beinahe intim ist. Inspiriert von Graham Greene hatte ich uns schon Arm in Arm in den pakistanischen Abendhimmel laufen sehen, um dann in einem Himmelbett einer angemessenen Eskalation den Weg zu ebnen. In Evelyn Waughs Büchern wachen die Protagonisten grundsätzlich gleich in einem zerwühlten Bett auf, wogegen ich ebenfalls keinerlei Einwand erheben würde. Ich bin auch sicher, dass meine Absicht, Nadia meine gewisse Faszination zu gestehen, sich kaum noch länger verbergen lässt. Nur leider kommt auch noch ein Kollege angeschlurft, der zwar verheiratet ist, mich aber ständig anbollert und die Angewohnheit hat, sich in besonders unpassenden Momenten irgendwo dazuzustellen und dann von seinen Erfahrungen in Swinger-Clubs zu berichten. Jetzt macht er sich mit dem besonders eleganten Einstieg »Na?« bemerkbar. Es herrscht ein langer Moment des Schweigens, in dem Nadia und ich ihn erschrocken anstarren, unser Kollege aber erwartungsvoll von einem zum Nächsten schaut. Ich sehe in seinem »Na!« leider keinen vielversprechenden Anfang. Und aus meinen Graham-Greene-Phantasien von einer wilden Nacht im gegenseitigen Einverständnis mit verstörend ungenauer Zukunftsperspektive bleibt nichts. Der Traum wird weggeschlagen von einem, der sonst auch nur auf den Rasen schlägt. Später ruft mich Nadia auf meinem Zimmer an, nur um mir zu sagen, ich sei vielleicht doch nicht der ganz typische Konservative. Literarisch ist mit einem solchen Abend natürlich nichts anzufangen. Ich lege auf, und dann klingelt es schon wieder. Jemand anderes ist am Apparat und kündigt den Fahrer an, der uns zum Flughafen fahren soll. Wieder jagt der Wagen irgendeine Schnellstraße entlang. Am Flughafen will ich nur noch schlafen, ganz gleich, wann und wo das nächste Flugzeug steht, und trotz meiner riesigen Augenringe werde ich bei der Alkoholkontrolle nicht etwa aufgehalten, sondern gleich durchgewunken. Kurz nach meiner sanften Landung in Frankfurt bin ich noch immer mit dem erstaunlichen und nicht nachvollziehbaren Kontrast zwischen meinem Leben und dem Leben der Graham Greenes und Christopher Hitchens' beschäftigt. Von derlei Gedanken überwältigt, hatte ich an Bord des Fluges von Islamabad nach Doha bereits bedenkenlos das Frühstück genossen, inklusive des lauwarmen Fertigeises. Nun, drei Stunden in Deutschland, verlangte das Essen nach abermaligem Passieren der Speiseröhre. Das Land der Reinen war Pakistan also nicht.

Singen für den Frieden

Aserbaidschan, März 2012

Warum der Eurovision Song Contest 2012 nun ausgerechnet in Aserbaidschan stattfinden muss, kann so genau wohl niemand mehr sagen. Mit dem Song, den das Land ein Jahr zuvor in Deutschland vorgetragen hat, kann es kaum etwas zu tun gehabt haben. Der war unausstehlich. Andererseits galt das für das gesamte dort vorgetragene Liedgut. Die osteuropäische Klein- und Vielstaaterei sorgt ja ohnehin mit ziemlicher Zuverlässigkeit für Gewinner aus dem Raum östlich der Elbe und südlich der Donau. So gesehen hätte die völlig inhaltsleere Popschnulze mit dem bezeichnenden Titel ›Running Scared‹, die eine kaukasische Schönheit gemeinsam mit einem weißgekleideten Pop-Hipster vorgestellt hatte und die von einem halben Dutzend Tänzerinnen begleitet wurde, sogar den Sieg rechtfertigen können. Im restlichen Europa jedenfalls demonstriert das jährlich wiederkehrende Schauspiel vor allem zweierlei: Einerseits zeugt der Song Contest, wenig überraschend, von der immer größer werdenden Kluft zwischen musikalisch-kreativer Leistung und kommerziellem Erfolg. Andererseits wirbelt er mit ziemlicher Berechenbarkeit das Fernsehprogramm durcheinander und gleicht insofern den ähnlich sinnlosen Übertragungen der Olympischen Winter- und Sommerspiele, die auch nur Menschen bei allerlei Verrenkungen zeigen, die allenfalls für die orthopädische Nachbehandlung von fragwürdigem Interesse sein können. Im Kaukasus hingegen ist alles, was mit dem Song Contest einhergeht, ein Politikum, das hier zu Kopfschütteln, dort zu Kopfzerbrechen führt. 2009 stimmten um die vierzig Aserbaidschaner für die Band aus Armenien, einerseits aus Schierschandudel, andererseits weil sie sich bei der Abstimmung verwählten und auch wiederum, weil die musikalischen Darbietungen sich nicht allzu sehr voneinander unterschieden. Daraufhin wurden sie von den aserbaidschanischen Behörden vorgeladen und mussten umständlich erklären, warum sie, wenn sie schon nicht für das eigene Land stimmen konnten, ausgerechnet für das verfeindete Nachbarland gestimmt hatten. In einzigartiger Weitsicht ließen nämlich auch Aserbaidschans Ermittlungsbehörden den künstlerischen Wert der armenischen Darbietung in keinster Weise als Argument gelten. Dass Armenien und Aserbaidschan einander in einträchtiger, ja wohliger Feindschaft gegenüberstehen, hängt mit einem längeren Krieg zusammen, den sich die beiden Seiten nach 1987 um die wirtschaftlich wie auch sonst in jeder Hinsicht vollends unbedeutende Provinz Nagorny-Bergkarabach geliefert hatten. Nach regionaler Gewohnheit hatte dieser zwar den Sieg einer Seite herbeigeführt, war aber wegen der allgemeinen Verschwurbeltheit kaukasischer Politik von niemandem so richtig anerkannt worden. Dass Aserbaidschan, das den Krieg schließlich verloren hatte, dann ausgerechnet damit anfing, einem solchen Konflikt auch noch ein Ergebnis zuzumuten, war ohnehin nicht zu erwarten. Seither liefern sich beide Staaten eine Art Nahostkonflikt für Arme, nur dass sich die Kulturen beider Seiten hier noch ähnlicher sind als die im Mittleren Osten. Beide schneiden stets prächtig im Songcontest ab, produzieren ohne Ende großartigen Granatapfelsaft, mittelmäßigen Wein, und wer Aseris wie Armenier trifft, kann gleichermaßen von phantastischer Gastfreundschaft berichten. Bekanntermaßen hasst der Mensch gewöhnlich das am meisten, was ihn an sich selbst erinnert, weshalb es nur zu verständlich ist, dass sich Aserbaidschan und Armenien in bitterer Feindschaft und tiefer Verachtung zugetan sind.

Ein weitestgehend sinnloser Konflikt, bildschöne Frauen, deren Worte auch noch politische Bedeutung haben können und nicht nur von eventueller persönlicher Erfüllung Kunde tun, dazu mittelmäßiger Wein: Kann es bessere Gründe geben, sich in einem Land genauer umzusehen? Um das zu tun, mache ich mich im Vorfeld des Eurovision Song Contests mit ein paar Kollegen auf den Weg an die Gestade des Kaspischen Meeres und gebe dabei an, das Land vor allem auf der Suche nach gemeinsamen deutsch-aserbaidschanischen Werten bereisen zu wollen. Was für Werte das sein könnten, ist niemandem von uns so richtig klar.

Um der Suche aber zumindest eine kleine Chance auf Erfolg einzuräumen, werden wir noch auf heimatlichem Territorium von kundiger Seite in die aserbaidschanische Geschichte und politische Gesamtlage eingeführt. Aus meinen sporadisch geführten Notizen lässt sich folgendes Narrativ herleiten, das der Leser nun für bare Münze wird nehmen müssen: Wie jede andere stolze Nation, nimmt auch Aserbaidschan für sich in Anspruch, nicht weniger als die Wiege der Menschheit zu sein. In Aserbaidschan gelten irgendwelche Udinen als Ursprungsvolk aller Menschen, die vor ewigen Zeiten in einigen Höhlen gewohnt und, wie unter Höhlenmenschen wohl üblich, bedeutungsschwangere Zeichen an die Wand gemalt haben sollen. Als die Wände vollgeschrieben waren, hätten

145

sie sich sodann aus den Höhlen aufgemacht, die Welt zu besiedeln. Dann seien aus ihnen Albaner und schließlich Aseris geworden, im Rahmen einer allgemeinen Turkifizierung der Menschheit, deren genauer Verlauf süß verwirbelt bleibt und sich auch von Historikern und Anthropologen nicht mehr so genau verfolgen lässt. Hier scheint auch die Paläontologie vor einem Rätsel zu stehen, wobei ich sorgsam den Verdacht hege, dass sie gar nicht so genau nach dem weiteren Verlauf der Geschichte der Udinen sucht, weil ihr ein, na ja, historischer Anfangsverdacht fehlen könnte. Mir kommt es vor, als seien die Udinen sozusagen die Fraggles der Ur- und Frühgeschichte. Weil aber alle Geschichte irgendwie fortgeschrieben werden muss, weisen sie in Baku gerne darauf hin, dass Aserbaidschan eigentlich ja ein unvollständiger Kompromissstaat sei, und das nicht nur, weil armenische Truppen in Nagorny-Bergkarabach alles auf den Kopf stellen. Vielmehr gäbe es natürlich noch eine Art Riesenaserbaidschan, wenn all die heute im Iran lebenden Aseris auch noch mitgerechnet würden, und das seien ja noch einmal so zwischen zwanzig und dreißig Millionen Menschen. Über alles, was zwischen den Udinen und der armenischen Okkupation Nagorny-Bergkarabachs geschah, legt sich schon seit Jahren der schwere Mantel historischer Gleichgültigkeit (hier musste der Vortrag der kundigen Professorin abgebrochen oder beschleunigt werden, Genaueres entzieht sich meinem Erinnerungsvermögen). Meine eigenen Notizen driften hier zunächst ins Unentzifferbare, setzen dann vollständig aus und werden nur noch von Kritzeleien zu einem Ende geführt. Mit anderen Worten: Nun bin ich historisch und kulturell ausreichend vorbereitet, um innerhalb von wenigen Tagen zu einem angesehenen Kaukasus-Experten aufzusteigen. Ja, vermutlich der Kaukasus-Kenner überhaupt zu werden.

Obwohl ich in Aserbaidschan vor allem trinken und herumtollen werde, sich also infolgedessen nichts meiner genauen Aufmerksamkeit wird entziehen können, habe ich mich vorher zu einer ausschweifenden Recherche hinreißen lassen, die folgendes Ergebnis zu Tage förderte: Das Land ist muslimisch.

Wer vor Reiseantritt den Statistiken der Weltbank, der Europäischen Union oder sonst wem für eine Minute Aufmerksamkeit und auch gleich Glauben geschenkt hat, muss sich von der Realität belehren lassen. Nach den Statistiken wird Aserbaidschan zu 85 Prozent von Muslimen schiitischen Glaubens bewohnt. Doch nach diesen 85 Prozent muss man in Baku lange Ausschau halten, denn hier ist niemand verschleiert. Selbst junge, offensichtlich unverheiratete, weil Hand in Hand laufende Paare flanieren durch die Stadt und halten nur zum Knutschen inne. Dann allerdings auch richtig, also mit Zunge und so. Mehr noch, hier und da laufen junge Hipster durch das Land, deren strassbesetzte Schuhe zeigen, dass die meisten hier lieber in Miami-Vice-Modekataloge als in den Koran schauen. Überhaupt sind hier auch Männer so angezogen, als würden sie ihre Mode ausschließlich von Harald Glööckler beziehen. Trotzdem sehen viele noch so aus, als kämen sie geradewegs vom Set eines Steven-Segal-B-Movies. Das erste Fashion Victim, das mir persönlich begegnet, heißt Rashid. Rashid ist, so wie ich, Mitte dreißig und einer dieser Nachwuchswissenschaftler, die ebenso gut in London, Paris oder Rom leben könnten. Wahrscheinlich hat er einen nicht eben gerade kleinen Teil seines Lebens tatsächlich dort verbracht, düst jetzt wieder in dieser eigenartigen Diktatur herum und träumt gelegentlich vom akademischen Überwintern in Europa. Rashid erklärt die Abwesenheit jeglicher offen zur Schau getragenen Religiosität so: »Wir haben uns entschieden, nicht an diesen Zusammenstoß-der-Kulturen zu glauben.« Freilich bedeutet das auch, dass an Allah und Mohammed hier auch nicht besonders viel geglaubt wird.

Was bei Rashid wie eine geradezu beiläufig, mehr oder wenig zufällig herbeigeführte Entscheidung klingt, ist alles andere als selbstverständlich. Denn Aserbaidschan liegt in einer Region, in der religiöser Fanatismus und Gottesstaaterei zum guten Ton gehören. Im Norden grenzt Aserbaidschan an den volatilen Nordkaukasus, in dem irgendwelche Islam-Proleten mit der Kalaschnikow in der Hand für das heilige Reich des Propheten Mohammed kämpfen, im Süden grenzt es an den Iran, der sich seit 1979 mit Pakistan ein Wettrennen um die Frage liefert, welche islamische Republik dem Rest der Welt mehr Angst machen kann. Das liberale Klima Bakus ist so auffällig, dass Rashid mir immer noch eine Erklärung schuldet, wie es denn dazu gekommen ist, worauf Rashid nun mit einer einfachen Gleichung antwortet: »Wir sind Schiiten und keine Sunniten. Aber vor allem sind wir ganz schlechte Schiiten.« Dabei muss er selbst ein bisschen lachen. Die Wahrheit ist natürlich, dass die Verhältnisse fast zu schön sind, um wahr zu sein. Einerseits zeigt Aserbaidschan so, welches Potential in seinem südlichen Nachbarn, Iran, steckt, würde es nur endlich die Schreckensherrschaft der Ajatollahs abwerfen. Andererseits lebt es vor, was sich Salman Rushdie als Antwort auf die Anschläge vom 11. September 2001 gewünscht hatte. Dass wir erkennen, dass der Terrorist irrt, und wir daher all das machen, was uns Freude bereitet: »Der Fundamentalist glaubt, dass wir an nichts glauben. (…) Um ihn zu widerlegen, müssen wir zuerst erkennen, dass er irrt. Wir müssen uns auf das besinnen, was uns wertvoll ist: knutschen an öffentlichen Orten, Schinken-Sandwiches, Widerspruch, moderne Mode,

Literatur, Großzügigkeit, Wasser, eine gleichere Verteilung der Rohstoffe, Filme, Musik, freies Denken, Schönheit, Liebe.«[5]

Dieses säkulare Verständnis von Staat und Gesellschaft wird von der Regierung Aserbaidschans verteidigt und würde den Besucher geradezu beflügeln, wäre das Land nicht eine Diktatur. Die amerikanische Heritage Foundation hat das Land in seinem letzten Bericht zur Freiheit in der Welt gerade herabgestuft. Es steht nun auf Platz 91 und führt die Kategorie der überwiegend unfreien Länder an, noch hinter Kirgistan und Burkina Faso, bemerkenswerterweise aber einen Platz vor Italien. Und damit ist Aserbaidschan anderen Staaten ähnlich, die gegenwärtig Anschluss an die Weltwirtschaft finden, aber sich mit demokratischen Prinzipien schwertun oder sie nie so richtig in ihre Kultur haben überführen wollen, wie eben Italien.

Den Song Contest angemessen zu feiern, heißt für das Herrscherhaus Alijew — den lokalen Diktatorenclan, der das Land nun in zweiter Generation beherrscht, ja man möchte fast meinen, regiert — in erster Linie sich selbst zu feiern. Das Land hat dazu ein Bauprogramm aufgelegt, das nicht von ungefähr an die reichen Golfstaaten erinnert. Über der Altstadt Bakus thronen drei riesige Hochhäuser, die gemeinsam eine Flamme symbolisieren sollen und deren Stockwerkzahl sich nur erraten lässt. Es ist wohl keine Übertreibung davon auszugehen, dass es Abertausende sind. Am Ufer des Kaspischen Meeres hat die Regierung eine riesige Promenade anlegen lassen, in die Marmorsteine eingelassen sind, die wiederum von niedlich zugeschnittenen Beeten unterbrochen werden, in de-

---

5 Salman Rushdie, Let's Get Back to Life. In: *The Guardian*, 6. Oktober 2001.

nen die Regierung Bäume, Kakteen und Palmen hat pflanzen lassen, aus aller Herren Länder. Während ein Lehrer in Aserbaidschan einen Sold von umgerechnet einhundertfünfzig Euro bezieht – eine einfache Wohnung in Baku kostet mindestens dreihundert – hat die Regierung für die Uferpromenade Bäume aus Australien einfliegen lassen, die zwischen dreißig- und vierzigtausend Euro wert waren, allerdings inzwischen verkümmert sind, weil es in Baku eben doch kälter ist als in Canberra. Und irgendwo an der Uferpromenade, von Bauzäunen umgeben, steht auch das neue Durchwinkparlament, vor dem wieder eine große Flagge Aserbaidschans weht und ein armseliger Jahrmarkt schon morgens um acht um Besucher wirbt. Um der Großartigkeit des eigenen Clans und der aserbaidschanischen Bevölkerung Kunde von ebenjener zu bringen, hat sich der Alijew-Clan auch an einem Wettrennen beteiligt, das an Sinnlosigkeit den Eurovision Songcontest sogar noch überbietet. Auf der anderen Seite der Bucht, gegenüber der Uferpromenade, steht ein Fahnenmast, an dem eine riesige Flagge Aserbaidschans hängt und die selbst über viele Kilometer noch vom Aufstieg des Landes künden soll. Für eine ganze Weile hatte Baku damit sogar den höchsten Flaggenmast der Welt, mit ganzen 162 Metern. Das war freilich ein kurzer Rekord. Denn 2011 weihte auch Tadschikistan einen neuen Flaggenmast ein, der mit 165 Metern größer ist als der in Baku und Aserbaidschan nun dazu verdammt, es sich zwischen Tadschikistan und Nordkorea bequem machen zu müssen. Unbestätigt sind freilich Gerüchte, in Aserbaidschan habe man daraufhin noch ein paar Meter an die Flagge genäht, so dass in Baku zumindest noch die größte Flagge der Welt wehe. Doch der aserbaidschanische Diktator, Ilham Alijew, kann es nicht einfach so verknusen, von einem noch aberwitzigeren Land in den Schatten gestellt zu werden. Wenn die höchste Flagge nun in Duschanbe steht, dann muss in Baku eben das höchste Haus der Welt gebaut werden. Die Flammenhochhäuser reichen dazu natürlich nicht, stattdessen soll nun ein Hochhaus gebaut werden, das selbst den Burj Khalifa in Dubai in den Schatten stellen soll, das mit einem Kilometer schon so hoch ist, dass es sich kaum noch für irgendetwas nutzen lässt. Das ist natürlich eine so hirnrissige Idee, dass europäische Beobachter hinter nicht so vorgehaltener Hand auch schon mal von einer Schnapsidee sprechen. Selbst der eine oder andere Bewohner Bakus sich fragt, ob der Präsident sie noch alle hat.

Der Größenwahn aserbaidschanischer Façon hatte unter Heydar Alijew bereits Fahrt aufgenommen, doch es ist sein Sohn Ilham, der nun dafür sorgt, dass alles noch größer, glitzernder, verwobener und überhaupt phantastischer wird. Damit Ilham all seine Aufmerksamkeit dem Umbau dieser kaukasischen Küstennation in ein kaspisches Disneyland widmen kann, machte er sich nach seiner Inthronisierung daran, jene kleinkarierten Hürden aus dem Weg zu räumen, die im Westen unter dem Sammelbegriff Demokratie zusammengefasst werden. Überall wo sich der Kommunismus in den 1990er Jahren in Luft auflöste, entwickelten junge Demokraten einen bewundernswerten Eifer, mit dem sie sich an das Formulieren komplizierter Gesetzestexte machten.

Mit besonderer Liebe feilten sie an den Verfassungen der jungen Republiken, die überall in der ehemaligen Sowjetunion aus dem Boden sprossen. In Aserbaidschan regelten sie nach amerikanischem Vorbild, dass ein Präsident nicht mehr als zwei Amtszeiten regieren dürfe, dann Platz für einen Nachfolger zu machen habe, der, noch revolutionärer, wiederum frei gewählt werden solle. Ilham Alijew hingegen hatte immer schon einen gewissen Optimismus sein Eigen nennen können und flugs kalkuliert, dass es zwischen seiner Lebenserwartung und der in der Verfassung vorgesehenen maximalen Amtszeit eine völlig ungenügende Überschneidung gab. Ja, er ging sogar fest davon aus, dass seine Amts- vor Ablauf seiner Lebenszeit enden könne! Es gab nur eine Lösung: Alle niedlichen Hürden mussten aus der Verfassung gestrichen werden. Nun regiert er bis zum Sankt-Nimmerleins-Tag.

Dass Aserbaidschans Regime all den Größenwahn überhaupt bezahlen kann, hat mit dem vielen Öl zu tun, das an allen Ecken des Landes aus der Erde quirlt. Schon im Flugzeug, das Kurs auf Baku genommen hat, sitzen überall Menschen in Jacken von British Petroleum herum, deren Aufgabe es ist, in Aserbaidschan neue Löcher in die Erde zu bohren, Bohrinseln auf das kaspische Meer zu schieben oder irgendwelche Pipelines zu schrubben. Sie alle haben nur eine einzige, pathetische Aufgabe: neues Öl in die Venen der Weltwirtschaft zu pumpen.

Da ich mir fest vorgenommen habe, schon innerhalb der ersten vierundzwanzig Stunden meiner Reise zum weltweit wichtigsten und anerkanntesten Aserbaidschan-Experten aufzusteigen und die Zeitverschiebung mich am ersten Morgen in der Hauptstadt bereits um fünf Uhr aus dem Bett treibt – so früh, dass ich es selbst nicht fassen kann –, entscheide ich wahnsinnigerweise Land und Leute kennenzulernen. Ich entschließe mich zu einem Spaziergang! Zu einer Uhrzeit durch die Hauptstadt zu wandern, in der auch alle vernünftigen Aseris schlafen, ist durchaus aufschlussreich. An der Uferpromenade blitzen neue Luxuskaufhäuser, hinter spiegelnden

Glasfassaden werden Porsche und bunte Geländewagen angeboten. In windschiefen Passagen lassen sich Parfüms erwerben, die ein bisschen nach Zitrone oder gleich nach gar nichts riechen. Männer können Frauen endlich durch den Erwerb eines Hermès-Schals ihre Zuneigung zeigen. Mit anderen Worten: Fortschritt, überall. So früh am Morgen schläft die Stadt tatsächlich, nur ein paar alte Frauen fegen mit Reisigbesen die schief eingesetzten Marmorplatten. Ein paar alte Sowjetlaster bringen noch mehr Frauen mit Reisigbesen zur Uferpromenade, die nun so langsam fegen, dass ich mich unweigerlich fragen muss, ob sie sich überhaupt bewegen. Als ich ins Hotel zurückkomme und mir dank großer Gewohnheit mit der Hand durch das Gesicht wische, fühlt sich meine Hand schmierig an. Sie riecht auch ein bisschen komisch. Geradezu eklig. Auf meiner Haut hat sich ein Ölfilm niedergelassen. Nun imprägniert der hauchdünne Ölfilm alle Ausdünstungen des vornächtlichen Alkoholkonsums, was nur dann hilfreich wäre, würde mein gesamter Körper imprägniert. Der Ölgeruch ist ja im wörtlichen Sinne ein Verwesungsgeruch. Die Ölproduktion hatte Aserbaidschan abhängig gemacht von einer Industrie, deren Ende sich am Horizont bereits deutlich abzeichnet. Aber dafür müsste jetzt jemand darauf hinweisen, dass die Ölreserven im Kaspischen Meer eher denen der Nordsee gleichen als denen Saudi-Arabiens. Und die meisten Europäer würde es wohl überraschen zu erfahren, dass überhaupt irgendetwas in der Nordsee ist; hier wiederum weiß natürlich niemand, was es mit dieser ominösen Nordsee auf sich haben soll. Für die neureichen Aseris, die mit ihren Geländewagen durch die Hauptstadt brettern, auf Kreuzungen wenden und Parkplätze verstopfen, ist die kommende Krise sowieso zu weit weg, um sich vom unausweichlichen Untergang ablenken zu lassen. Zu neu ist der Wohlstand, als dass man sich die Stimmung von Mahnungen aus der Weltbank vermiesen ließe.

An der Uferpromenade buhlen derweil Luxuslinien, Autohäuser und Fünfsternehotels um die Neureichen Bakus. Die Bautätigkeit ist beeindruckend, und das aserbaidschanische Regime gibt stolz damit an, die Armutsquote im Land von 48 Prozent auf nur noch neun Prozent gesenkt zu haben. Selbst wenn sich diese Werte als nur grob geschätzt herausstellen sollten, ist das erst mal recht beeindruckend. Doch die Abhängigkeit vom Öl hat auch dazu geführt, dass kaum noch ein anderer Wirtschaftszweig auf dem Weltmarkt konkurrenzfähig ist, während der Bausektor fast vollständig von der Nachfrage lebt, die aus dem billigen Ölgeld kommt. Wenn das versiegt, vertrocknet auch die einzige Lebensader, die dieses Wirtschaftswunder finanziert. Im vergangenen Jahr schrumpfte die Wirtschaft des Landes zum ersten Mal seit Beginn des Booms. Zwar nur um ganze 0,1 Prozent, doch schon allein dieser Einbruch zeigt, dass die Schwankungen in der aserbaidschanischen Wirtschaft kaum etwas mit entwickelten Industrienationen gemein haben, in denen eine schlechte Entwicklung in einem Sektor durch die anderen Teile der Wirtschaft aufgefangen werden können.

Noch aber träumt hier jeder von einer besseren Zukunft, und wie um sein Einverständnis zu signalisieren, lächelt der alte Heydar Alijew altersmilde und mit blitzend weißen Zähnen von vielen Dutzend Plakaten in der Hauptstadt.

Heydar Alijew ging zwar 2003 auf recht endgültige Weise von seinen Landsleuten, aber als ehemaliger Regierungschef und Vater Ilhams ist er natürlich nicht weniger als der Vater der Nation selbst, weshalb Fassaden für sein Konterfei reingewaschen und spezielle Postkarten gedruckt werden. Alle Oberflächen scheinen einem einzigen Zweck zu dienen: Heydar Alijew, wie er seinen Mitbürgern winkt, gerade so, als läge er nicht unter der Erde, sondern würde nach dem Songcontest mit den lieblichen Tänzerinnen durchbrennen. Selbst über der Hotelrezeption wacht er noch über die Geschicke seiner Landsleute und zwinkert den Gästen in Baku aufmunternd zu, als würde er sagen wollen: Untertanen, nehmt diese Stadt.

Heydar Alijew war schon von 1969 bis 1982 Chef der Kommunistischen Partei in der damaligen sowjetischen Teilrepublik Aserbaidschan und erhielt allein in diesen Jahren drei Leninorden. Andererseits bekam die auch jeder Apparatschik, der sich nicht rechtzeitig wegduckte. 1993 hatte sich Heydar Alijew dann überreden lassen, noch einmal das Ruder im Land zu übernehmen. Da gab es längst Krieg um die Provinz Nagorny-Bergkarabach, die zwar in der Sowjetunion irgendwie Autonomie besaß, aber dennoch zu Aserbaidschan gehörte. Der Konflikt brach schon 1987 aus, als sowohl Armenien als auch Aserbaidschan noch Teil der Sowjetunion und das Ganze die innere Angelegenheit der Regierung in Moskau war. Doch die hatte wahrhaft andere Sorgen, und als die Sowjetunion nur noch um ihren Platz in den Geschichtsbüchern kämpfen konnte, war in Bergkarabach ein offener Krieg im vollen Gange. Mit dessen genauem Verlauf verhält es sich ähnlich wie mit dem Versagen in einer Mathematikklausur: Was genau geschah, lässt sich ohne weiteres nicht rekonstruieren. Sicher ist nur, dass seit dem Waffenstillstand im Mai 1994 ungefähr zwanzig Prozent Aserbaidschans besetzt sind.

Am Abend sitzen wir ein paar hundert Meter vom neuen Parlament entfernt und hören Samad Seyidow zu, der hier ein sogenannter Abgeordneter ist. Seyidow gilt als einflussreich, weshalb er eingeladen wurde, am Abend zu uns zu sprechen. Gerade hält er hinter seinem Podest eine laminierte DIN-A-4-Landkarte hoch, auf der Aserbaidschan eingezeichnet ist, dann beginnt auch schon eine allgemein gehaltene Wehklage, in der die Aggression Armeniens, die Parteinahme Russlands sowie die Gleichgültigkeit des Westens gleichermaßen angeklagt werden. Schließlich sei Aserbaidschan ein richtiger Staat, Armenien mehr so ein von Moskau geschaffenes Kunstgebilde, um Distanz zum Iran zu schaffen, und große Teile Aserbaidschans von einem hinterhältigen Aggressor besetzt.

Aserbaidschan hingegen gäbe sich ganz unbestreitbar in den eigenen Ansprüchen ebenso bescheiden wie um Verhältnismäßigkeit und Ausgleich bemüht. Denn Bergkarabach wird noch immer vom Rest der Welt als aserbaidschanisches Territorium anerkannt. Nur ein einziger Staat stellt Überlegungen an, das zu ändern. Uruguay erwägt die Unabhängigkeit der Region anzuerkennen. Natürlich vermag niemand zu sagen, was Uruguay auf den Gedanken gebracht haben könnte, am anderen Ende der Welt einen solchen Unsinn zu planen. Und am wenigsten Licht bringt Uruguay selbst in das so geschaffene Dunkel.

Seyidow redet noch immer von seiner Hoffnung, dass die Europäische Union auf Aserbaidschans Seite steht. Aber ich habe dafür keinen Blick, denn an den Esstischen sitzen Aserbaidschans Nachwuchspolitiker und Intellektuelle. Mir gegenüber sitzt Aida, die ich gerade zum Lachen gebracht habe, als Seyidow ansetzt. Wenn Aida lacht, bleibt die Welt für einen Augenblick stehen, selten zuvor habe ich eine so junge Frau getroffen, die die gesamte Grazie und den Stil einer Jackie Kennedy in wenigen Zügen übertreffen kann.

Dass Uruguay hier aus der Reihe scheren würde, ist allerdings nicht das Einzige, was Aserbaidschans Stellung in der Welt so spannend macht. Spannender noch ist die Außenpolitik Bakus, weil sie den Eindruck skurriler Anarcho-Diplomatie vermittelt. In den letzten Tagen des Jahres 2011 schloss sich das Land offiziell der Bewegung blockfreier Staaten an. Das wäre an sich gar nicht weiter bemerkenswert, wo ja ohnehin niemandem so richtig klar ist, was diese Bewegung eigentlich treibt. Doch kurz darauf hat die Regierung in Baku den dritten individuellen Partnerschaftsplan mit der NATO ausgehandelt und gleichzeitig mit Russland Gespräche über die Verlängerung des Leasing-Verhältnisses der Qabala-Radarstation aufgenommen. Aserbaidschans Regime hat mehr Füße in Türen geschoben, als ein normaler Mensch Beine hat. Normale Menschen würden daher folgerichtig auch völlige Orientierungslosigkeit in der Außenpolitik des Landes unterstellen, aber auch nur, weil sie sich mit Außenpolitik noch nie beschäftigt haben. Denn Fachleute in aller Welt wissen eine solche Außenpolitik als sogenannte Multivektor-Diplomatie zu deuten. Gezwungen, ein Vorbild zu nennen, wird gelegentlich die Türkei angeführt, worauf es erneut Rashid braucht, um die Dinge ins rechte Licht zu rücken: »Wenn du mit den Türken spielst, siehst du aus wie ein Türke.« Womit Rashid meint, dass die Türkei zu einer diplomatischen Umarmung fähig wäre, die augenblicklich an Zwangsehen denken lässt. Weshalb die Türkei als allzu enger Partner auch wieder gemieden werden müsse. Und deswegen diffundiert Bakus Außenpolitik in jede denkbare Richtung.

Tatsächlich hat die Multivektor-Diplomatie ein paar kleine, gänzlich unbestreitbare Vorteile. Das zumindest meint die schöne Endzwanzigerin, die nun den Konferenzsaal betreten hat, um vorne etwas vorzutragen. Sie sieht etwa so aus, wie Nana Mouskouri mit Mitte dreißig ausgesehen haben muss, nur dass sie dazu blonde Strähnchen, noch mehr Make-up als Daniela Katzenberger und weiße Lack-High-Heels trägt. Sie trägt freilich nicht nur zu viel Make-up, sondern hat auch die längste professionelle Anbindung östlich der Donau: sie sei beim Institut für Strategische Studien unter dem Präsidenten Ilham Alijew tätig. Das Institut heißt tatsächlich so. Aus ihr ist aber nichts herauszubekommen, nach Gewohnheit aserbaidschanischer Offizieller trägt sie nur endlose Zahlenkolonnen vor, die alles und nichts zu bedeuten haben. Rashid lächelt still in sich hinein und hat inzwischen abgewunken, er nutzt die Kaffeepause, um alles selbst zu erklären: Der Beitritt zur Blockfreienbewegung könnte Russland signalisieren, dass es sich keine Sorgen um eine allzu forsche Westorientierung des Landes machen muss. Was immerhin dazu geführt hat, dass Moskau nicht mehr ohne jeden Vorbehalt auf Seiten Armeniens steht. Das wiederum wirft die Frage auf, was sich das Land von seiner Partnerschaft mit der NATO verspricht. Auf Seiten der NATO ist Rumänien der Kontaktpartner für Aserbaidschan, und dessen Diplomaten geben offen zu, was in Rumänien ja schon etwas heißt, dass ihre kaukasischen Kollegen nicht immer so agieren, als würde ein Kompass sie leiten. Die aserbaidschanische Regierung hat überhaupt nur eine Daumenregel aufgestellt, die die eigene Außen- und Sicherheitspolitik leiten soll: Der Verteidigungsetat müsse mindestens so groß sein wie der gesamte Etats Armeniens. Immer.

Irgendwann im Laufe der Vorbereitungen zum Song Contest ließ das Regime an allerlei Orten Abrissbirnen anrücken, teils um schönere Häuser zu bauen, teils um eine tolle neue Arena zu errichten. Dabei rissen die Bagger auch das Haus von

Leyla Yunus nieder, die vom *Spiegel* schon mal als Institution im Kampf für Menschenrechte in Aserbaidschan beschrieben wurde. Von den einen wurde das als bedauerlicher Nebeneffekt der allgemeinen, unvermeidlichen Modernisierung interpretiert, wiederum andere sahen darin gleichermaßen Affront wie Politikum. Leyla Yunus hatte allerdings gegen den angekündigten Abriss ihrer Büros bei einem aserbaidschanischen Amtsgericht einen Abrissstopp erwirkt, den freilich niemand auf Regierungsseite ernst genommen hatte. Als die Büros vernichtet und das Haus dem Erdboden gleichgemacht waren, sah die Europäische Union die Zeit gekommen, das gegenüber dem Regime einmal anzusprechen, und das auch noch während der Assoziationsverhandlungen Aserbaidschans mit der EU. Aserbaidschan wurde sogar gemahnt, die Urteile der Justiz ernst zu nehmen. Auf derlei Ermahnung reagierten Aserbaidschans Unterhändler mit Unverständnis, schließlich gebe es Amtsgerichte in Aserbaidschan gar nicht, folglich könnten deren Urteile weder ignoriert noch befolgt werden. Das stellte sich schon deshalb als Problem heraus, weil die Bundesrepublik die Amtsgerichte mitaufgebaut und finanziert hatte. Ein deutscher Diplomat drückte seinen Unmut später so aus: »Wenn ein Land im Europarat und in der OSZE ist, dann muss es eben anderen Ansprüchen genügen als irgendein Sultanat.« Der Abriss der Büros der Menschenrechtsaktivisten fand in den westlichen Medien allerhand Aufmerksamkeit, besonders in Deutschland, wo die ARD das ganze Vorgehen als ziemlich offenen Einschüchterungsversuch darstellte. Das Regime beklagt sich nun lautstark über das, was da berichtet werde. Denn das sei alles unfair, feindlich und überhaupt ganz schrecklich ungerecht. Und überhaupt wollten die Deutschen ja nichts anderes, als den Aseris den schönen Song Contest madig machen.

Die Sorgen der Diktatur teilen die Aseris freilich nicht. Im Gegenteil, merkt Afat an, solle der Westen den Druck ja nicht reduzieren. Afat gehört zu den jungen Aktivisten, die uns in Aserbaidschan begegnen, und hat aus reiner Vorsicht sein Facebook-Profil gesperrt, meldet aber bereits tapfer an: »Mich ins Gefängnis zu werfen wird nicht einfach.« Der Diktatur wirft er vor, dass sie weder eine Agenda noch eine Identität habe, alles sei nur auf das Errichten irgendwelcher potemkinscher Dörfer ausgerichtet. Die Zivilgesellschaft in Aserbaidschan sei nur Fassade, jeder hier habe zwei Meinungen, eine öffentliche und eine halböffentliche. Wann immer ein öffentlicher Auftritt erfolgt, deuten die Aseris an, über politische Freiheiten nicht reden zu wollen, nur um anschließend noch einmal zu sagen, dass sich etwas tun müsse. Denn sie alle wissen: An der Korruption im Land wird sich so schnell nichts ändern, schon allein weil der Clan der Alijews so ungeheuer groß ist. Schwager und Onkel gibt es überall, so dass auch jede noch so kleine Behörde mit Familienmitgliedern besetzt werden kann und konsequenterweise auch wird.

Einen guten Grund gibt es dennoch, den Songcontest nach Aserbaidschan zu bringen. Denn wo immer der Gast abends landet, ob in einer Bar in Bakus Innenstadt, einem Konzertsaal oder einfach nur der Hotelbar im obersten Stockwerk mit großartigem Blick über das Kaspische Meer, er wird herzlich in Empfang genommen. Schon an der Garderobe erkennt der freundliche Mitarbeiter, dessen Aufgabe es ist, die Mäntel auf einen Bügel zu hängen, die Herkunft des Gastes und lächelt stolz, als er uns entgegenruft: »Clara Zetkin und Rosa Luxemburg: super!« Dann hebt er dazu vielsagend die Daumen und erinnert sich und uns: »Berlin gut.« Immer und überall gibt es Livemusik. Rashid erzählt dann auch stolz, dass das Land sich gelegentlich Jazzerbaidschan nennt, denn Musik gehört hier auf erfrischend selbstverständliche Art und Weise zur Lebenskultur. Der Jazz ist eine Mischung aus Miles Davis und persischer Folklore. Eine Mischung, der der deutsche Botschafter unbedingt etwas entgegensetzen will. Denn der verarbeitet gerne die politischen und historischen Hinterlassenschaften der Region in seinen Songs, die er im Johnny-Cash-Stil auf die Bühne bringt. Einen Song hat er über Zwangsverheiratungen komponiert, und in irgendeinem anderen suchen sich Schwalben eine neue Heimat (hier darf die Ethnie nach Wohlgefallen des Hörers wohl beliebig eingefügt werden).

Ganze fünf Tage nach meiner Ankunft kann ich nun bereits, wie unter Journalisten gemeinhin üblich, behaupten, der weltweit führende Aserbaidschan-Experte zu sein. Mit solcher Gewissheit trete ich beruhigt die Rückreise an. Der Flughafen lässt sich mit öffentlichen Verkehrsmitteln nicht erreichen und ist eigentlich nichts weiter als eine halbherzig betriebene Riesenbaustelle. Nichts deutet darauf hin, dass es überhaupt ein Flughafen ist, denn niemand hat bislang daran gedacht, dass eine Beschilderung für Reisende nützlich sein könnte. Wir laufen in drei verschiedene Eingänge, hinter denen sich aber nur leere Räume verbergen. Bis uns jemand sieht und uns auffordert, den Lift in das obere Stockwerk zu nehmen. Dort ist dann endlich ein Abflugschalter, aber bis dreißig Deutsche eingecheckt worden sind, vergeht mehr als eine Stunde. Das liegt vor allem daran, dass ständig irgendwer den gesamten Reisepass durchblättert, um sicherzugehen, dass sich nicht doch noch irgendwo ein Stempel aus Nagorny-Bergkarabach findet. Bei der Passkontrolle das gleiche Spiel. Der Sicherheitsbeamte schaut nicht auf, sondern tippt minutenlang endlose Zahlengleichungen in seinen Computer. Und dann wird jedes Visum noch einmal kontrolliert, man kann ja nie wissen. Meinem Kollegen wird der Reisepass mit den irritierenden Worten »nice touch« zurückgegeben. In der Wartehalle gibt es zwei Geschäfte für den zollfreien Einkauf, doch obwohl diese im Wesentlichen europäische Produkte führen, wirken sie so, wie ich mir Konsumgeschäfte für nordkoreanische Apparatschiks vorstelle. Das einzig wirklich aserbaidschanische Produkt, welches hier feilgeboten wird, ist Azercay, ein aserbaidschanischer Tee, der aber eher versteckt als angepriesen wird. Während des Songcontests sollen hier dreißigtausend Menschen abgefertigt werden. Doch wie das funktionieren soll, bleibt eines dieser Geheimnisse, das Aserbaidschan für sich behält.

Togo Redux
Lomé, Togo, November 2012

Plötzlich war ich wieder da. In Togo, drei Jahre später. Dasselbe Hotel, derselbe Dolmetscher, wieder eine Packung Malarone in der Tasche, und wieder geht es um die Sicherheit in
Westafrika. Die westafrikanische Staatengemeinschaft erwägt
in Mali einzugreifen, was bei Offizieren und Politikern der
Region das Bedürfnis nach Analyse der Situation weckt. Das
Flugzeug aus Brüssel hatte in Ouagadougou einen Zwischenstopp eingelegt, bei dem es sich fast komplett leerte. Eine
Handvoll heimkehrender Togolesen, ich und eine Gruppe
deutscher Extremsportler, die mit dem Mountainbike das
togolesische Hinterland erkunden wollten, flogen in der Riesenmaschine bis nach Lomé. Als ich aus dem Flugzeug steige,
fühlt sich die schwüle Hitze der westafrikanischen Metropole
wieder an wie ein gerader Schlag ins Gesicht. Doch ich nehme
das alles gelassen hin, der zweite Besuch in einer Stadt ist stets
entspannter, das Wiedererkennen von Gebäuden und Gerüchen suggeriert immer eine Vertrautheit, wie sie nur trügerisch sein kann. Am Gepäckband steht ein junger Leutnant
der togolesischen Marine, von dem ich sicher bin, dass er da
nur auf mich wartet. Im Gegensatz zu meinen gelegentlichen
Werbeversuchen bei Frauen habe ich diesmal recht. Schon
nach wenigen Minuten findet er meinen Koffer, leitet mich

durch die Halle, nicht etwa in die Lounge, sondern direkt hinaus auf den Parkplatz, der den besonderen Gästen vorbehalten ist, was sich schon daran erkennen lässt, dass hier die übliche Armada von Geländewagen parkt, die hier, wie überall in den weniger entwickelten Ländern, Symbole besonderer sozialer Stellung und Zukunft sind. Meine Sachen verschwinden irgendwo, aber ich genieße die Luft und springe gelegentlich zurück, wenn einer dieser sehr kleinen Flughafen-Vorfeld-Trecker hupt und dann mit zwei weiteren Gepäckcontainern an mir vorbeirumpelt. Hier waren Vorfeld und Parkplatz eins, und ich begann mich augenblicklich in dieser Selbstverständlichkeit des Improvisierten außerordentlich wohl zu fühlen.

Und natürlich sollte ich wieder im Palm Beach nächtigen. Erstaunlicherweise war das zwischenzeitlich renoviert worden, die Wände sind weiß getüncht, und statt eines Fernsehers aus der Telefunken-Ära steht da nun ein moderner Flachbildschirm im Zimmer und bietet den ganzen Tag CNN. Und zu meiner Überraschung gibt es sogar WLAN, das Passwort lautet ausgerechnet »assurance«. So viel Veränderung überfordert mich augenblicklich, da hilft nur, das Hotel schnellstmöglich zu verlassen. Die Gelegenheit ergibt sich zum Glück sofort, denn im Hotel treffe ich auf den anderen deutschen Kollegen, der an der Konferenz teilnimmt. Er schlägt dankenswerterweise vor, noch eine Kleinigkeit essen zu gehen und dafür ein Restaurant in der Nähe des Strandes aufzusuchen.

Das »Beirut« liegt einen Block vom Hotel entfernt und erinnert daran, dass der Gast in Westafrika mit libanesischer Küche nie etwas falsch macht, denn seit dem Bürgerkrieg im Libanon haben viele Libanesen hier ein neues Zuhause gefunden und bereichern nun die kulinarischen Gewohnheiten der restlichen Welt. Kurze Zeit später steht das Schwarma und das erste Bier aus der Region vor uns. Ich bin noch hin- und hergerissen: Soll ich mich an das hier gebraute ECU hal- ten oder doch lieber an das ebenfalls in der Gegend gebraute Flag? Ich kann kaum einen Unterschied schmecken und ent- scheide mich daher anhand des Flaschendesigns für das Flag. Kaum haben wir gespeist, treten wir auf die Straße und ma- chen einen Spaziergang durch die immer noch unnachgiebig heiße Abendluft. Wir biegen in Richtung Stadt ab, und sofort wird es stockfinster. Hier und da stehen am Straßenrand noch Holzverschläge, brennen kleine Öllampen, und Bordstein- schwalben machen uns ausufernde Angebote. Ihre Zuhälter sitzen in der Nähe und mustern uns, ohne eine Miene zu ver- ziehen. Nur hier und da scheint ein wenig Licht zu uns, wenn ein oder zwei Straßen weiter irgendetwas verbrannt wird. Licht und beißender Geruch ziehen in unterschiedliche Rich- tungen davon, und schon nach wenigen Minuten entscheiden wir uns erneut abzubiegen in Richtung Hotel und sind auch ein ganz klein wenig erleichtert, den sicheren Hafen wieder- gefunden zu haben.

Konferenzen beginnen meist zu ganz und gar unmenschlichen Zeiten, meist schon zu so unmöglichen Zeiten wie neun Uhr. Doch die Uhrzeit stand dieses Jahr in einem ganz besonderen Verhältnis zum Konferenzthema: Mali. Es gibt eine gewisse Dringlichkeit, sich Malis anzunehmen, denn der Norden Ma- lis war von einer wilden Koalition aus Tuareg, al-Qaeda-An- gehörigen und lokalen Islamisten erobert worden. Da hatte es auch nicht gerade geholfen, dass sich ein enttäuschter Haupt- mann der malischen Armee im März 2012 entschlossen hatte, die Dinge selbst in die Hand zu nehmen und die Regierung zu stürzen. Das war im Rest der Welt nicht gerade auf Gegenliebe gestoßen, und die Rebellen und Terroristen im Norden hatten das sogleich als Chance erkannt und ihre Herrschaft auf alle wichtigen Städte im Norden des Landes ausgedehnt. Nun war zwischenzeitlich eine Übergangsregierung geschaffen worden, und die westafrikanischen Staaten hatten sich bereit erklärt, der neuen Regierung zu helfen. Nur waren sie sich uneinig, ob es noch vor dem Eingreifen demokratische Wahlen in Mali geben sollte und was getan werden könnte, damit sich das alles nicht auch noch wiederholt. Auf der Konferenz treffen wieder Generalstabsoffiziere und Parlamentarier aufeinander, und am Ende sind sie sich vor allem darin einig, dass man sich noch häufiger treffen solle. Aber zwischendurch offenbaren sie doch Interessantes, manchmal freiwillig, manchmal auch nur, weil es ihnen irgendwo zwischen den Zeilen herausrutscht. Alles ließe sich so zusammenfassen:

Der malische Oberstleutnant: »Eine Intervention muss jetzt erfolgen, sonst kann sie nicht mehr gelingen.«

Der Generalstabsoffizier aus der Elfenbeinküste: »Vor November 2013 ist eine Intervention ganz und gar unrealistisch.«

Der Parlamentarier aus Togo: »Es wird darauf ankommen, die Tuareg zu integrieren.«

Ein Offizier aus Mali: »Wir haben die Tuareg bereits integriert, so viele Positionen können gar nicht mehr mit Tuareg besetzt werden. Es fehlt einfach an Ressourcen für die Entwicklung des Nordens.«

Und alle: »Mali ist klimatisch so andersartig als die Küstenregion, wir wissen gar nicht, ob wir das überhaupt können.«

Dass diese Diskussionen auch nach der Konferenz und meiner Abreise aus Westafrika anhielten, ist schon daran zu erkennen, dass Frankreich sechs Wochen später selbst in den Konflikt eingreifen und 2500 Soldaten nach Mali entsenden würde. Und dann würden auch die Staaten der westafrikanischen Staatengemeinschaft ECOWAS nicht länger warten können, sondern in ungeahnter Entscheidungsfreude Truppen entsenden müssen.

Der nächste deutsche Militärattaché sitzt in Abuja, Nigeria, und hat es natürlich nicht geschafft, für die Konferenz nach Lomé zu kommen. Dafür sitzt in jedem Konferenzabschnitt ein anderer französischer Soldat. Alle im Rang eines Oberstleutnants, was nur geht, weil Frankreich in den frankophonen Staaten Westafrikas nicht etwa einen, sondern meist ein Dutzend Militärattachés stationiert hat. Am Ende der Konferenz haben ein halbes Dutzend französischer Militärattachés Kontakte geknüpft und vertieft. Attachés wie Militärs und Parlamentarier sind sich aber in einem einig. Mali, das wird ohne wirkliche Beteiligung des Westens für die westafrikanische Staatengemeinschaft eine Nummer zu groß.

Um alles in noch allgemeiner gehaltenen Worten zu besprechen, fahren wir am kommenden Tag zum Generalstab der togolesischen Armee. Die Fahrt treten wir in einem Kleinbus an, der durch die Straßen der togolesischen Hauptstadt düst. Ausnahmsweise kommen wir problemlos voran, denn vorne fährt ein Motorrad der Polizei und räumt den Verkehr aus dem Weg. An jeder Kreuzung steht ein Polizist, der den gesamten Verkehr angehalten hat und salutiert, als die Kolonne vorbeifährt. Wir verlassen die Randbezirke der Hauptstadt, vorbei an improvisierten Parkplätzen, auf denen alte Lastwagen zum Verkauf stehen und verrostete Tankanlagen auch die westafrikanische Wirtschaft anzukurbeln bereit sind. Hier und da wird illegal Benzin verkauft, an den Straßenrändern werben Handwerker dafür, IKEA-Möbel aus Massivholz nachzubauen. Ihre Produkte stehen auf den sandigen Böschungen und Vorhöfen der Stadt. Das Ministerium für Gleichberechtigung hat ein neues Schild erhalten, doch das zweistöckige Gebäude hat weder Fenster noch Einrichtung und wartet wohl schon seit mehr als zwei Jahrzehnten auf den Bezug durch Angestellte. Wir fahren an der westafrikanischen Zentralbank vorbei, einem gut eingezäunten Hochhaus aus der Betonidylle der achtziger Jahre. Ein Zeugnis für den festen Glauben, dass es nur ein kleiner Schritt war, bis der Anschluss an die westliche Welt geschafft sein würde. Links taucht ein Torbogen auf, der den Eingang zur Universität markiert, und ein bisschen später, längst liegen Felder auf beiden Seiten der Straße, taucht eine weitere Anlage auf: der Generalstab der togolesischen Armee. Wir fahren auf das Gelände, das mehr schlecht als recht vom Rest der Stadt abgeriegelt ist, aber immerhin einen Exerzierplatz hat. Am Gebäudeeingang steht ein Soldat, der aussieht wie ein GI aus der frühen Phase des Vietnamkrieges. An seinen Stiefeln heften weiße Gamaschen, er trägt ein ledernes Koppel, einen alten Stahlhelm und einen Karabiner und salutiert mit zusammengeschlagenen Hacken, als wir das Gebäude betreten. Drinnen werben ausgeblichene Plakate wahlweise für den Präsidenten Gnassingbé oder im Auftrag des Entwicklungsprogramms der Vereinten Nationen dafür, nur geschützten Geschlechtsverkehr zu haben. Auf dem Plakat tanzen Soldaten Arm in Arm mit Kindern und Frauen, die Kinder schwenken die Flaggen Togos. Ein Stück weiter eine halboffene Fahrstuhltür, dahinter ein leerer Schacht. Der Konferenzraum besteht aus einigen zusammengewürfelten Stühlen und mehreren Klimaanlagen, die es fast möglich machen, die eigene Müdigkeit zu vergessen.

Inzwischen gibt es auch in Togo eine Marine. Die Vereinigten Staaten, China und der eine oder andere europäische Staat haben den westafrikanischen Staaten in den vergangenen Jahren Boote überlassen, mit denen nun der Golf von Guinea ein wenig patrouilliert werden kann. Die Marine ist zwar bei weitem nicht hochseetauglich, muss sich aber auch noch mit einem noch schwerwiegenderen Problem herumschlagen: Geeignete Rekruten sind schwer zu finden. Denn an der Küste des Golfes von Guinea herrschen starke Strömungen, baden und schwimmen ist hier im wörtlichen Sinne brandgefährlich. Das Meer täuscht eine gefährliche Ruhe vor. So ist es kaum überraschend, dass die Küstenbewohner das Wasser meiden, ja gar eine Voodoo-Gottheit geschaffen haben, die für die Strömungen im Meer verantwortlich sei. Ich muss erst genau hinhören, bis ich den Namen der Voodoo-Göttin endlich verstehe: Mama Water, ausgesprochen als Mama wadder. Und doch bekomme ich beim Besuch der Marine Hoffnung, denn der Admiral, der nun die Schritte zur Bekämpfung von Piraterie vorstellt, ist der Einzige, der aufsteht, wenn er vorträgt, frei spricht und nicht einfach irgendetwas vorliest.

Einige Stunden nach der feierlichen Verabschiedung der Konferenzteilnehmer fahren wir durch das Nachtleben Lomés. An vielen Häusern leuchtet die Reklame, doch wo es zwei Etagen und Fenster gibt, brennt in der Regel kein Licht, warum, das erschließt sich mir nicht, aber andererseits war eh die ganze Stadt auf der Straße. Auch spät am Abend ist die Stadt auf den Beinen. Meine Gastgeber und ich halten an einer breiten Hauptstraße, wo es sogar einen befestigten Bürgersteig gibt und selbst die Mittelspur mit Beton eingefasst worden ist. Dort auf dem Gehweg sind ein paar Campingstühle an kleine rote Tische geschoben worden. Hinter den Tischen lädt ein Restaurant zum Verweilen ein, und auch wenn die Nacht noch nach verbrannten Abfällen und Abgasen riecht, zieht gelegentlich eine kleine Brise vom Golf durch die Stadt. Das Restaurant hat eine völlig offene Küche, und wir treten durch den Streifenvorhang, der hier die Tür ersetzt, wieder auf die Straße und setzen uns an einen der roten Tische und bestellen die erste Runde Flag. Aus dem Restaurant kommt afrikanische Popmusik, die aber wird gelegentlich von einem Ghettoblaster übertönt, mit dem zwei junge Geschäftsleute direkt neben dem Restaurant auf ihr Angebot aufmerksam machen wollen. Sie haben sich einen kleinen Tisch auf die Straße gestellt und ihn mit CDs vollgeladen. Aus ihrem Ghettoblaster dröhnen die Smash-Hits der goldenen Achtziger. Die Bedienung kommt heraus und fragt uns nach unseren Wünschen. Als wir alles vorgetragen haben, sagt sie, dass sie dafür doch besser Stift und Zettel holt. Wir bestellen lokale Spezialitäten, unter anderem ein Gericht mit dem hinreißend schönen Namen Argouti. Und während wir auf das Essen warten, hält immer mal wieder ein Geländewagen, und das eine oder andere reiche Paar steigt aus. Hier ein Staatssekretär, dort ein lokaler Unternehmer. Das Restaurant trägt schon im Namen die Bezeichnung VIP und hat sich auch wegen dieses recht einfachen Marketingtricks zu einer der besseren Adressen in der Stadt gemausert. Die reicheren Männer tragen Anzüge, die stets irgendwie glänzen. Es ist fast so, als wären matte Farben hier ein Indikator für Armut. Dafür werden auch gerne Herrenschuhe getragen, die vorne etwas zu spitz zulaufen und weiß oder schwarz glänzen. An englischen Flughäfen gelten diese Schuhe als sogenannte *refusal shoes*, Schuhe, welche die Einreise ungeheuer erschweren könnten. Denn an westlichen Flughäfen signalisieren sie nur, dass der Reisende zwar genug Geld für das Ticket hat, garantieren aber nicht, dass er auch wieder auszureisen gedenkt. Die Frauen tragen dafür High Heels und meist irgendein Gewand, das mehr afrikanisch aussieht, als es eigentlich ist, trotzdem von kräftigen Farben nur so strotzt.

Nach einer Weile kommt die Bedienung zurück und bringt Plastikschüsseln und Spüli. Der Ghettoblaster liefert sich ein Wettrennen mit den Boxen des Restaurants. Hier Duran Duran, dort ein jüngerer westafrikanischer Rap. Wir waschen uns die Hände mit Spülmittel, lassen das Wasser in eine der bunten Plastikschüsseln laufen. Handtücher braucht es nicht, alles wird ohnehin gleich wieder trocken. Die Bedienung tischt nun auf: Es kommen Schüsseln mit Hefeklumpen, mit denen wir die vielen Soßen probieren. Es gibt gebratene Bananen und gratinierten Käse, der in der Erdnusssoße besonders schmackhaft ist. Und dann kommt das Argouti selbst, eine togolesische Wasserratte, deren Kopf noch unschuldig aus der Erdnusssoße lugt. Kurz muss ich mich überwinden, doch nachdem alle anderen beherzt zugreifen, das Fleisch von dem Tier ziehen und freudig mit dem Flag nachspülen, kann auch ich zulangen. Das Fleisch ist überraschend zart und lecker und das Essen ganz phantastisch.

Was aus dieser Stadt einmal werden soll, wenn alle beginnen, sich Autos zu kaufen, ist mir auch nicht ganz klar. Denn schon jetzt ist der Verkehr katastrophal unüberschaubar. Wie auch andernorts gibt es zwar Taxis, aber auch die Motorroller, die als Taxis genutzt werden. Und davon abertausende, die bereits jetzt die Straßen verstopfen. Drei Jahre nach meinem ersten Besuch reibe ich mir dennoch die Augen. Die große Küstenstraße ist in der Zwischenzeit saniert worden. Sie hat einen Bürgersteig bekommen, hat keine Schlaglöcher mehr, und wie aus dem Nichts tauchen hier und da moderne Busse auf: Es gibt plötzliche eine Art öffentlichen Nahverkehr, und auch wenn der nur wenige Linien bedient; er fährt. Und dass die Busse nicht ganz voll sind, kann nur eines zeigen: So ganz scheinen es auch die Bewohner der Hauptstadt nicht glauben zu können. Den Bus brauche ich nicht, ich gehe lieber in den Supermarkt in der Nähe des Hotels, um die letzten Mitbringsel für zuhause zu kaufen. Der hat europäischen Standard, was nur daran liegt, dass er, wie alle größeren Geschäfte hier, von einem Libanesen betrieben wird. Der steht an der Kasse, tauscht ein paar Worte mit mir, lässt aber keinen Zweifel daran, dass er das Geschehen im Markt fest im Blick hat. Draußen will noch jemand eine hölzerne Salatschüssel loswerden, doch ich gehe schnurstracks ins Hotel zurück und trinke einen letzten Drink im Privilege, das sich auch nach drei Jahren überhaupt nicht verändert hat. Vor dem Eingang möchten mir findige Geschäftsleute noch neue Armbanduhren verkaufen, über deren Echtheit wir aber erst hätten streiten müssen. Und dann stelle ich erstaunt fest, dass ich keine Malarone-Allergie habe, nicht verliebt bin und die Hitze im Land fast schon angenehm finde und die Kühle der Flag-Dose noch schöner. Besonders, wo das Kondenswasser meinen Handrücken benetzt.

»Es ist bereits alles organisiert«, sagt der freundliche Mitarbeiter am Schalter des Hotels und fügt vielsagend hinzu, »der Fahrer kommt gleich.« Ich gleite in die Couch hinein, der Rezeptionist schaut in eine Ecke. Eine halbe Stunde später greift er zum Telefon und spricht mit dem Fahrer. Noch eine halbe Stunde vergeht, ich habe meine Lektüre – ich glaube, es war der Fall des Genossen Tulajew von Victor Serge – beendet und warte nun gelangweilt in der Lobby. Ein geschäftig aussehender junger Mann kommt in das Hotel und begrüßt mich mit

Handschlag. Ich halte ihn eine Minute lang für den Fahrer und bin überrascht, dass es so schnell losgehen soll. Doch der Mann entpuppt sich als Fremdenführer, der jungen Touristen den Markt zeigen will. Da es hier aber keine gibt, unterhalten wir uns eine Weile, und er nötigt mir das Versprechen ab, recht bald wiederzukommen und mit ihm gemeinsam den Markt zu besuchen. Ein französischer Geschäftsmann ist inzwischen in die Lobby gekommen. Auch er wird zum Flughafen wollen, denn so viele Flüge gibt es hier ja nicht. Weitere dreißig Minuten vergehen, dann fährt der japanische Kleinbus vor, und wir laden alles ein. Ich sitze bereits im Wagen, da werde ich gefragt, ob wir noch eine Viertelstunde warten könnten, es gäbe einen weiteren Fahrgast. Zwanzig Minuten später steigt der Geschäftsmann in den Wagen, und wir fahren los. Wir fahren noch einmal durch die gesamte Stadt, über der sich heute der Himmel zusammengezogen hat. Auf der Route, die der Fahrer des Kleinbusses wählt, herrscht nur reger und nicht etwa vollends wahnsinniger Verkehr, und auch wenn die Straße einst geteert war, sind die vielen Schlaglöcher nur mit lockerem Geröll gefüllt. Der Bus fährt Slalom durch die togolesische Hauptstadt, und ich schaue noch einmal auf die vorbeiziehenden Händler, die alte Schuhe, neue CDs und DVDs und Möbel anbieten. Auch am Flughafen noch geschäftiges Treiben, neuerdings tragen die Gepäckträger Uniformen. Ich bin unsicher, ob der Flughafen überhaupt geöffnet ist, denn die Gitter zum Eingang sind zwar offen, aber hundert beladene Menschen stehen darum herum und scheinen auf irgendetwas zu warten. Der Eingang zum Flughafen wird noch immer von zwei Polizisten reglementiert, die Ticket und Pass verlangen und dann mit strahlenden Gesichtern meinen Reisepass drehen und mit freudigen Augen sagen: »Ah, Deutschland.« Ja, ja, Deutschland. Der Ausreisebeamte bellt mir ein *Au revoir* hinterher, und dann sitze ich an einer ganz kleinen Bar und lasse mir für meine letzten CFA Franc eine Cola geben. Die Bar hat nur vier Stühle, und hinter dem Tresen steht eigentlich nur eine kleine Ablage und daneben ein Kühlschrank. Aber immerhin trägt sie einen Allerweltsnamen, den ich gleich wieder vergesse: »Gate« oder »Departure Bar« oder irgend so etwas. Und dann hat der Flug Verspätung. Es gebe »operationelle Probleme«. Niemanden scheint es zu überraschen oder zu kümmern, und als langjähriger Bahnbenutzer weiß auch ich, dass »operationelle Probleme« alles bedeuten kann. Vielleicht ist das Flugzeug kaputt. Vielleicht lässt sich die Treppe nicht an das Flugzeug schieben. Vielleicht gibt es gerade einen Putsch. Ich klappe meinen Laptop auf und stelle erfreut fest, dass das WLAN hier kostenlos ist und funktioniert. Ein Putsch ist es also nicht. Dann beginne ich zu schreiben.

Ein arabischer Frühling in Kairo
Ägypten, Mai 2013

1978, ein Jahr bevor der Schah im Iran gestürzt wurde, verfasste der amerikanische Auslandsnachrichtendienst CIA eine seiner regelmäßigen Lageeinschätzungen zur Situation im Iran. Der Schah, so der amerikanische Nachrichtendienst, werde noch bis in die 1980er Jahre hinein regieren, seine Herrschaft sei stabil. Da der Schah schon ein Jahr später ins Exil ging, wäre es naheliegend, dem Nachrichtendienst ein historisches Versagen zu attestieren. Doch damit machte man es sich etwas zu einfach, denn Revolutionen sind ihrer Natur nach immun gegen jeden Versuch einer Vorhersage. Die Analysten der CIA machten jenen Fehler, vor dem kein Historiker und Politikwissenschaftler ganz gefeit ist: Sie verwechselten den Status quo mit Stabilität.

Geschichte ist ein bisschen wie Jazz, Improvisationen eines gleichbleibenden Themas. Es ist der Arabische Frühling, der ebenso wenig vorhergesehen wurde, der nun den vielleicht größten Wandel in der arabischen Welt seit 1979 brachte, jenem Jahr, in dem der Schah aus dem Amt gejagt wurde, die Sowjets in Afghanistan einmarschierten und die heiligen Stätten in Saudi-Arabien besetzt wurden. Da ich mich nun schon seit Jahren mit der Region beschäftigte, wollte ich mir unbedingt alles selbst ansehen und war dafür sogar bereit, nicht erst auf eine Einladung zu warten. Ich wollte sofort reisen, hören, was die viel zitierte »arabische Straße« zu diesem Frühling zu sagen hatte. Es spielte auch eine gewisse Rolle, dass meine Freundin Anne eine gemeinsame Reise für dringend geboten hielt. Zu meinem Glück spricht Anne Arabisch und war ganz angetan von der Idee, in die ägyptische Hauptstadt zu fliegen – was weniger überrascht, wenn man weiß, dass es eigentlich mal ihre Idee war.

Kaum in Kairo angelangt und nach einem geradezu kümmerlichen Frühstück machten wir uns auf die Suche nach der Revolution. Die Insel Zamalek liegt in der Mitte des Nils und damit auch Kairos und beherbergt viele Botschaften und Hotels. Von Zamalek aus wollen wir in das Zentrum Kairos, das auf der östlichen Seite des Nils liegt. Als wir die Brücke überqueren, überrascht mich zunächst all das, was ich nicht sehe. Je näher wird dem Tahrir-Platz kommen, desto mehr erwarte ich eigentlich Militär oder zumindest Polizei. Doch weit und breit ist keine Staatsgewalt zu sehen, selbst als wir auf dem Platz mitten in der Hauptstadt stehen, und das, wo doch die ägyptische Revolution hier ihren Anfang nahm. Überraschender noch, es ist auch kaum revolutionärer Geist zu spüren. Am nördlichen Ausgang des Tahrir-Platzes harren noch ein paar Reste des revolutionären Geistes aus. Ein Dutzend Demonstranten verteidigen hier ein kleines Zeltdorf gegen den unaufhaltsamen Angriff des betäubenden Alltags. Wir laufen quer über den Platz, um die Wand zu betrachten, auf die die Bilder der Märtyrer der Revolution gepinselt sind, und direkt davor fällt uns ein Fahnenmeer ins Auge. Ich bin sicher, dass es sich um die letzte Bastion revolutionären Geistes handelt. Aber tatsächlich ist es nichts weiter als ein Stand, der Fahnen verkauft. Enttäuscht setze ich meine ganze Hoffnung auf einen Mann in seinen Fünfzigern, der nun schnurstracks auf uns zukommt und Farbe und Pinsel in der Hand hält. Er geht direkt zu Anne und malt ihr ungefragt die ägyptischen Nationalfarben auf die Hand, wovon sie alles andere als angetan ist, hatte sie ihm doch gesagt, dass sie genau das nicht will. Nachdem er uns so für die Revolution adoptiert hat, beginnt er einen Preis auszuhandeln, was zu einem Wettbewerb um Standfestigkeit zwischen dem vermeintlichen Revolutionär und meiner Freundin führt, der unentschieden ausgeht. Kaum bin ich eine Minute allein, kommt ein Kamerad des verhinderten Malers und drückt mir ein Pamphlet gegen Präsident Morsi in die Hand. Auf dem Titel ist ein rot durchgestrichenes Bild des Präsidenten. Die frühe Hinterlassenschaft der Revolution ist eine wirtschaftliche, gedacht für den Konsum des gelegentlich vorbeischauenden Hipster-Touristen.

In den kommenden Tagen kehren wir täglich auf den Tahrir-Platz zurück, aber nach einer Revolution halten wir vergeblich Ausschau. Am Sonntag laufen wir über die Kasr-Al-Nile-Brücke, die von Zamalek kommend direkt auf den Tahrir-Platz führt. Ein Mann um die vierzig holt zu uns auf und beginnt uns vor dem Besuch auf dem Tahrir-Platz zu warnen. Freitags und sonntags kämen die säkularen Studenten von Süden auf den Platz, während gleichzeitig die Anhänger des Präsidenten von Norden auf den Platz strömen würden. Die Polizei ließe die Zusammenstöße zu und greife erst um vier Uhr nachmittags ein, wenn alle etwas Dampf abgelassen hätten. Wie die Studenten von Süden auf den Platz kommen sollen, ist mir ein Rätsel, denn dort trennen massive Barrikaden den Tahrir-Platz von der britischen und amerikanischen Botschaft und dem Parlament. Die Warnung in den Wind schlagend laufen wir weiter zum Tahrir-Platz, auf dem wir nur ein paar fliegende Händler treffen, die T-Shirts mit Slogans aus der Revolution verkaufen. Von den vorhergesagten Zusammenstößen natürlich keine Spur. Mir dämmert allmählich, dass die letzte Spur der revolutionären Stimmung genau das ist, eine Gerüchteküche, der nie der Dampf auszugehen scheint.

Ohne erkennbaren revolutionären Geist stellt sich uns die Frage, was den Arabischen Frühling am Anfang angetrieben hat und wie er so viele so schnell hat enttäuschen können? Politikwissenschaftler haben viele verschiedene Antworten auf diese Frage gegeben, doch keine scheint so ganz überzeugend. Vielleicht die beste liefert der historische Vergleich. Die meisten Politikwissenschaftler verstehen den Staat als Umverteilungsmaschine, die Steuern und Abgaben einsammelt, um sie wichtigen (Literaturförderung) und – häufiger noch – weniger wichtigen Aufgaben (Weltfrieden) zuzuführen. Aber Staaten sind auch Agenten des Wandels, und ihre wesentliche Aufgabe besteht darin, auf eine sich verändernde Gesellschaft zu reagieren und sich verändernden, globalen Rahmenbedingungen anzupassen. Anders gesagt, jeder Staat muss sich konstant reformieren, ansonsten riskiert er, immer schneller den Anschluss an den Rest der Welt zu verlieren. Reformen sind also ein Dauerzustand, und im Zeitalter der Globalisierung nimmt der Druck zur Anpassung sogar noch zu. Und genau deshalb sind Demokratien in den vergangenen Jahrzehnten so erfolgreich gewesen. Denn trotz aller Bürokratie, politischer Stillstände sind Demokratien besonders anpassungsfähig. Aber in einem Staat, der strukturell nicht mehr dazu in der Lage ist, sich zu reformieren, wird das System auf Dauer instabil und ist irgendwann nicht mehr lebensfähig. Reform ist nicht mehr als das Minimum an Wandel, der notwendig ist, um eine Revolution zu vermeiden. Die Diktaturen des Mittleren Ostens waren der letzte Felsen autokratischer Regime in einer Welle von Demokratisierungen, die seit 1990 über den Globus schwappt. Die Stabilität dieser Diktaturen war immer nur eine künstliche und deswegen auch zeitlich begrenzt. Ihre Unfähigkeit sich zu reformieren, machte die Revolutionen des Jahres 2010 und 2011 unausweichlich. Aber auch wenn dieses revolutionäre Potential sich erkennen lässt, niemand kann sagen, was am Ende den Funken auslösen wird, der das revolutionäre Potential in einer Stichflamme aufgehen lässt. Schließlich hätte es niemand für möglich gehalten, dass die Selbstverbrennung eines tunesischen Gemüsehändlers in der Provinz reihenweise arabische Diktaturen zu Fall bringen würde.

Die Mauer, die die American University umgibt, trifft an ihrem nördlichen Ende direkt auf den Tahrir-Platz und ist vollständig mit Graffiti der Revolution bedeckt: die Gesichter der in der Revolution gefallenen Demonstranten, eingerahmt in wenigen politischen Slogans. Hier und da steht in kleiner Schrift, dass die Polizei noch immer kriminell sei, und mehr als eine Karikatur zeigt Mubarak als Gesicht der Sphinx, eine Anspielung auf den gelegentlich gehörten Satz, er habe Ägypten wie ein Pharao regiert. Die einzige englischsprachige Forderung, der fast ein ganzer Wandabschnitt gewidmet ist, erinnert daran, dass »Homophobie nicht revolutionär« sei. Das findet meine Sympathie, ist aber nicht unbedingt der erste Schritt auf dem Weg zur parlamentarischen Demokratie. Warum also hat die Revolution ihren Schwung verloren? Über die kommenden Tage höre ich immer wieder, dass einer der Gründe sei, dass niemand die Mehrheit hinter sich vereinige. Auch wenn es stimmt, so ist es kaum von Belang. Denn auch die Demonstranten, die das Militär zum Eingreifen zwangen, stellten nicht die Mehrheit des Landes.

Die beste Erklärung bietet – ausgerechnet – die marxistische Geschichtstheorie. Als die Demonstranten auf den Tahrir-Platz strömten und erst Reformen und dann die Abdankung Hosni Mubaraks forderten, war kaum ein Beobachter bereit, darin den wichtigsten Wandel in der ägyptischen Geschichte der letzten Jahrzehnte zu erkennen. Doch die Demonstranten hatten nicht nur einen ungeahnten Schwung, sondern eine kritische Masse. Nicht die Mehrheit, aber gerade genug, um Mubarak aus dem Amt zu jagen. Die Opposition wusste sich in ihrem wichtigsten Ziel vereint: dem Sturz des ägyptischen Diktators. Doch nun ist die Herausforderung, ein besseres politisches System zu schaffen, und auch wenn die Muslimbruderschaft, die sich aus der Revolution zunächst heraushielt, eine Mehrheit der Wählerstimmen mobilisieren konnte. Keine Seite hat gegenwärtig genug Kraft, ihre Vorstellungen von dem nächsten politischen System gegen den Widerstand der anderen durchzudrücken. Woher beziehen die Seiten also ihre Vorstellungen?

Auf den Straßen Kairos gibt es besonders viele Buchhandlungen, letztes Fanal einer Zeit, in der Ägypten das Zentrum intellektueller und kultureller Erneuerung war und das Land seinesgleichen in der arabischen Welt suchte. Als Pan-Arabismus und Sozialismus in dem Land eine intellektuelle Neugier säten, welche die arabische Welt längst verloren hat. Das Zentrum dieses Geistes findet sich seit einiger Zeit in der American University of Cairo (AUC), dessen hauseigener Verlag das Erbe dieser intellektuellen Aufbruchszeit in die Gegenwart trägt. Auch wenn der Diskurs der ägyptischen Intellektuellen längst diese Lebhaftigkeit und Neugier verloren hat und sich stattdessen in einer bizarren, selbstgerechten Mischung aus Anti-Amerikanismus, Selbstsucht und einer oftmals schwer erträglichen Doppelmoral zufriedengibt, auch der Verlag der amerikanischen Universität hat realisiert, dass sich die Revolution am besten als kommerzielles Angebot bewahren lässt. Fast alle Bücher werden als Teil einer »Tahrir-Platz-Reihe« angeboten. Ganz gleich, ob es ein Text des ägyptischen Autors Alaa al Aswany ist oder eine Geschichte der Stadt Kairo, alle neu angebotenen Bücher sind Teil der Edition Tahrir-Platz. Die Diwan-Buchhandlung verkauft aber auch sonst Interessantes: Alle Bücher von Ayn Rand, Sam Harris, Christopher Hitchens, Richard Dawkins, und selbst Salman Rushdie ist erhältlich. Wobei der Leser nur »Die Satanischen Verse« vergeblich sucht. Wann immer ich mich in der arabischen Welt aufhalte, suche ich nach diesen Büchern von bekennenden Atheisten, schließlich ist Atheismus auch in Ägypten immer noch eine Straftat.

Eine der Stimmen, denen sich die revolutionsbereiten Ägypter zuwenden können, ist Alaa al Aswany, einer der führenden Schriftsteller des Landes. Dessen erstes Buch – »Der Jakubijan-Bau« – löste einen Skandal aus, als es vor zehn Jahren das erste Mal erschien. Selten zuvor hatte sich ein arabischer Autor so direkt in die Abgründe der ägyptischen Gesellschaft vorgewagt. Homosexuelle Beziehungen, sexuelle Ausbeutung, Korruption und autoritäre Herrschaft und die Doppelmoral der Gesellschaft fanden unverblümte Beschreibung. Das Mubarak-Regime diskutierte kurz eine Zensur, doch der kommerzielle Erfolg des Buches machte das schnell unmöglich. Al Aswany schrieb dann auch für zwei größere Zeitungen – *al-Dustur* und *al-Shorouk*. Irgendwann im Jahr 2009 begann er, jede seiner Kolumnen mit den Worten »Demokratie ist die Lösung« zu beenden, ganz gleich, worüber er schrieb.

Eigentlich findet das meine sofortige Sympathie, doch was genau versteht der führende Intellektuelle Ägyptens eigentlich darunter? Seine Kolumnen zeigen vor allem, wie weit der Weg zu der von ihm geforderten Demokratie noch ist. So argumentiert al Aswany schon mal, dass Demokratie den Menschen schon vom Propheten Mohammed gestattet worden sei. Was freilich nur zeigt, dass er das Recht, demokratisch regiert zu werden, gar nicht als natürliches versteht. Dabei sind al Aswanys politische Instinkte nicht besonders beeindruckend. Noch 2010 war er sich absolut sicher, dass die Muslimbruderschaft niemals eine Wahl gewinnen könnte. Obwohl nie irgendwer sagen konnte, warum ein Bürokrat ein guter Politiker sein soll, unterstützte er von Beginn an die kurzlebige Präsidentschaftskandidatur Mohammed ElBaradeis, der sich zurückzog, als er plötzlich realisierte, dass eine Wahl auch einen Wahlkampf verlangte. Die Art und Weise, mit der al Aswany das vermeintlich außerordentliche politische Bewusstsein des ägyptischen Volkes beschwört, steht zwar im Kontrast zu Ägyptens jüngerer Geschichte, aber das ficht ihn nicht an. Er hält sich selbst für einen vehementen Verteidiger von Frauenrechten, doch selbst wenn er Dutzende Seiten mit dem Thema füllt, kommt er doch nicht darüber hinaus, die Epidemie sexueller Übergriffe auf die Arbeitslosigkeit zu schieben. Doch genau das ist das Niveau intellektuellen Diskurses, das ihm Einladungen in europäische Kulturinstitute garantiert.

Meine reizende Reisegefährtin hat den Besuch in zahlreichen Buchhandlungen geduldig hingenommen, ja sogar den Kauf von Dutzenden Büchern erduldet. Von diesen Ausflügen schwer bepackt, laufen wir bereits seit Stunden durch Kairo und beschließen, dass dieser Tag es verdient, mit einem Stella-Bier abgeschlossen zu werden. Gebraut in Ägypten und wirklich erfrischend, könnte es ohne weiteres zum Erbe eines stolzen Landes zählen, wenn das Land doch nur den Segen des Alkohols endlich begreifen würde. Am Midan Falaki gelegen, ist das El-Horea eines der älteren Lokale der Stadt und ein wunderbarer Ort, um einen anstrengenden Tag ausklingen zu lassen und eine Atmosphäre zu genießen, die an jene Tage erinnert, als Ägypten die kulturellen Einflüsse aus Frankreich und Großbritannien noch begierig aufnahm und verarbeitete und die eigene Kultur damit um einiges reicher machte. Das El-Horea ist schon etwas heruntergekommen, die Ventilatoren hängen hilflos von der meterhohen Decke und drehen sich viel zu langsam, um für irgendeine Regung der Luft sorgen zu können. Es müssen Jahre gewesen sein, seit das Lokal den Luxus frischer Farbe beschieden bekommen hat.

Eine niedrige Wand mit milchigen Scheiben trennt das Lokal in zwei Hälften. Der Zweck dieser Trennung erschließt sich uns erst, als wir uns an den Fenstern niederlassen und die erste von vielen Runden Stella-Bier bestellen. Der Kellner lädt uns ein, unseren Platz zu wechseln, und führt uns hinter die niedrige Wand, an den offenen Fenstern werde nur Tee oder Kaffee serviert. Hinter der Wand, wo Bier und englische Kartoffelchips zu haben sind, sitzen Männer und vereinzelt die eine oder andere Frau und diskutieren die Themen des gerade ausklingenden Tages. Uns schenkt niemand Beachtung, was eine angenehme Abwechslung in einer Stadt ist, in der Wildfremde ständig darauf bestehen, uns »wieder« willkommen zu heißen. Mir wird erklärt, dass Bier nicht öffentlich kredenzt werde, da niemand den Zorn der Muslimbruderschaft auf sich ziehen wolle. Allerdings wollen viele nicht erkannt werden, während sie sich dem Genuss eines frischen Bieres hingeben. Doppelmoral ist wohl das Einzige, was noch ansteckender ist als Frömmigkeit.

Apropos Frömmigkeit: Der Islam ist zwar die Mehrheitsreligion im Land, aber nur in wenigen Vierteln der Stadt ist die

Präsenz der Muslimbrüder zu erahnen. Da die Muslimbruderschaft sich aus der Revolutionsbewegung heraushielt, fehlt den Symbolen und Graffiti der Revolution jegliche religiöse Konnotation. Die Bewegung mag sich am Tahrir-Platz gesammelt haben, aber nirgendwo in der Stadt kann der Besucher den Slogans der Demonstrationen völlig entgehen. Die Demonstranten stießen mit der Polizei zusammen, praktisch in dem Moment, in dem sie sich auf der Straße versammelten und begannen, politische Forderungen zu formulieren. Die jungen Demonstranten mögen darauf gehofft haben, dass das Militär sich neutral verhalten würde oder gar vielleicht ihre Partei ergriff; die Polizei würde das nicht tun. Denn ihre zentrale Aufgabe war der Schutz des Regimes, und die Polizei hatte sich einen Ruf erworben: Willkürliche Verhaftungen, Folter, Vergewaltigungen standen an der Tagesordnung. Von dem Moment an, an dem sich Demonstranten auf dem Tahrir-Platz versammelten, war klar, dass sie mit der Polizei, ihren Spitzeln und Banden zusammenstoßen und dass diese Zusammenstöße blutig werden würden. Es ist kaum eine Wand in Kairo, an der nicht irgendwo ein Graffiti mit den Buchstaben A.C.A.B. prangt, das internationale Akronym für »All Cops Are Bastards«. Nur ein anderes Leitmotiv ist ähnlich häufig zu finden: »74«, üblicherweise in rot auf schwarzem Grund gehalten. Die Ziffer ist eine Referenz auf die Zahl von Menschen, die im Februar 2012 in gewalttätigen Zusammenstößen zwischen Fußballfans der Clubs al-Ahly und al-Masry gestorben waren. Die Zusammenstöße waren nicht von vornherein politisch, doch die Ultras des al-Ahly-Clubs hatten sich einen politischen Ruf erworben, sie galten als regimefeindlich. Da die Polizei das Regime Mubaraks zu Beginn gegen die Demonstranten verteidigte, haben viele die Vermutung, dass die Sicherheitskräfte noch eine Rechnung mit den Ultras offen hatten, und al-Ahlys Spiel außerhalb der Hauptstadt, in Port Said, bot ihnen dazu eine Gelegenheit. Ganz gleich ob es stimmt oder nicht, die 74 ist nun das Symbol für das noch unentschiedene Schicksal der Revolution. Doch für all die Graffiti der Stadt, wirklich politische Forderungen sind selten.

An Wochentagen ist Kairo im wörtlichen Sinne vollends verstopft. Autos stehen Stoßstange an Stoßstange in schier endlosen Staus, und die Verkehrspolizei hat längst gegen den unaufhaltsamen Strom an Autofahrern kapituliert, denen die italienische Art Auto zu fahren viel zu preußisch ist. Nur an vereinzelten Kreuzungen sind Polizisten zu sehen, und meist stehen sie etwas abseits und beobachten resignierend den Wahnsinn auf Kairos Straßen. Wir springen in ein schwarzes Taxi, dessen Fahrer einen weltentrückten Eindruck vermittelt, er spricht kaum ein Wort und summt vor sich hin. Das Taxi fährt auf die 6.-Oktober-Brücke, die in die Innenstadt führt. Doch da es da kaum einen Zentimeter vorangeht, legt er den Rückwärtsgang ein und jagt in einem atemberaubenden Tempo rückwärts die Auffahrt wieder hinunter, während andere Autos, die auf die Brücke hinauffahren, wie irrsinnig hupen und nur um Millimeter an uns vorbeirauschen. Allerdings muss das nicht viel heißen, denn das Gehupe ist ohnehin eine ständige Beschäftigung der ägyptischen Autofahrer. Der Fahrer nennt ein aus dem Iran importiertes Taxi sein Eigen, dessen Motor regelmäßig abstirbt, so dass er häufiger mitten auf der Straße hält und unter der Haube kompliziert herumfummelt. Während er leise weiter vor sich hin summt, fährt er uns auf die Kasr-Al-Nile-Brücke, die im Süden von Zamalek in die Innenstadt führt. Zwischen den Brücken wartet das unfertige Ritz Carlton auf bessere Zeiten und das völlig ausgebrannte Hauptquartier Mubaraks ehemaliger Regierungspartei, der unironisch genannten National Democratic Party, auf den Abriss. Unser Fahrer bleibt unbekümmert, er pfeift, und für sechs Pfund lässt er uns irgendwo hinaus.

Was während des Arabischen Frühlings geschah, ist oft als Revolution beschrieben worden, gelegentlich auch als Aufstand, und bei all denen, die es mit intellektuellen Disziplinen nicht so genau halten, als Unruhe. Aber all diese Ansätze, die revolutionären Bewegungen zu erklären, hatten nie viel Überzeugungskraft. Schließlich ließ sich so nicht der unterschiedliche Verlauf erklären, mit dem der Arabische Frühling die Staaten Nordafrikas und des Nahen Ostens erfasste. Warum, mit anderen Worten, die Revolution in Tunesien und Ägypten erfolgreich zu sein schien, in Libyen aber eine äußere Intervention verlangte und in Syrien gar einen blutigen Bürgerkrieg auslöste. Zu einem gewissen Grad wird auch der Verlauf des Arabischen Frühlings in all diesen Staaten von der historischen Hinterlassenschaft der autoritären Diktaturen bestimmt. Die meisten arabischen Armeen wurden früher oder später in den einen oder anderen Krieg gegen Israel geschickt. Obwohl sie dabei meist vernichtend geschlagen wurden, realisierten die meisten Diktatoren schnell, dass die eigentliche Gefahr nicht von dem jungen jüdischen Staat ausgeht, sondern früher oder später zuhause zu finden sein würde. Hafiz al-Assad, Vater des gegenwärtigen syrischen Diktators und Muammar al-Gaddafi zogen dieselben Schlüsse, die bereits zahlreiche andere Autokraten vor ihnen gezogen haben. Um einen Putsch zu verhindern, begannen sie militärische Ressourcen nicht nur der Armee zukommen zu lassen, sondern diese zu gleichen Teilen auf verschiedene Sicherheitskräfte zu verteilen: Armee, Polizei, paramilitärische Kräfte und Milizen. Käme es zu einer äußeren Intervention, wäre diese Verteilung von Zuständigkeiten und Ressourcen zwischen Armee, Polizei, paramilitärischen Kräften und Milizen ein Rezept für die sichere

Niederlage, aber im Falle von Staatsstreichen oder innenpolitischen Unruhen würde diese Struktur das Überleben der Diktatur jederzeit sicherstellen. Diese Strategie nennt sich coup-proofing und soll Staatsstreiche und Putschversuche durch eine systemische Rivalität zwischen den Sicherheitsorganen des Staates abschrecken und aussichtslos machen. Im Grunde nehmen diese Diktaturen einen Handel vor: Sicherheit für das Regime wird auf Kosten der Professionalität der Streitkräfte erworben, und sowohl in Libyen als auch in Syrien hat das den Diktatoren geholfen, die Herrschaft über das, was gelegentlich so herzlos »ihre Bevölkerung« genannt wird, aufrechtzuerhalten. Tunesien und Ägypten behielten vergleichsweise professionell organisierte Streitkräfte, in Ägypten war das Militär ohnehin einer der wichtigsten politischen und wirtschaftlichen Akteure. Als der Aufstand in Tunesien an Schwung gewann und die Proteste auf Ägypten übergriffen, wurden beide, Ben Ali und Hosni Mubarak, Opfer der vergleichsweise fest verankerten Professionalität ihrer Streitkräfte. Die Revolution schien zwar erfolgreich, aber was sich in Tunesien und Ägypten ereignet hatte, waren technisch gesehen Staatsstreiche durch das Militär, nachdem dieses sich weigerte, die illegitimen Befehle der Regime auszuführen. Die revolutionären Bewegungen hatten ihr Ziel erreicht: Ben Ali und Mubarak wurden gestürzt. Aber ob die Revolutionen erfolgreich waren, das bleibt bis heute offen. Gelegentlich wird behauptet, das Gaddafi-Regime sei im Gegensatz zum tunesischen und ägyptischen nur dank einer militärischen Intervention gestürzt worden. Tatsächlich war es auch in Tunesien und Ägypten ein Eingreifen des Militärs, das das Schicksal von Ben Ali und Hosni Mubarak besiegelte.

Ich frage mich, wie sich das Militär wohl verändert haben würde, wenn es das denn überhaupt getan hatte. Der erste Mai ist auch in Ägypten ein Feiertag, und viele Familien nutzen ihn, um der stickigen Hauptstadt für ein paar Stunden ihren Rücken zu kehren. Noch am Abend zuvor hatten Anne und ich gehört, der Tag würde neue Demonstrationen bringen, schließlich müsse nun niemand arbeiten. Doch am ersten Mai bleibt es unerwartet ruhig, der heiße Sommer hat sich längst über die Stadt gelegt, und an diesem Mittwoch ist die Sonne besonders unnachgiebig. Das ständige Gehupe lässt für ein paar Stunden nach, während der Verkehr fast schon flüssig wird. In weniger als einer halben Stunde hat es der Taxifahrer geschafft uns von Zamalek nach Nasr-City zu bringen, wo wir das 6.-Oktober-Panorama besuchen. Das Panorama ist eine militärische Einrichtung, die Hosni Mubarak vor etwa dreißig Jahren vom damaligen nordkoreanischen Diktator Kim Jong Il geschenkt bekam. Es demonstriert ein für alle Mal, dass, wenn es nur genügend von ihnen gibt, auch die Verlierer Geschichte schreiben können. Das Panorama ist ein massives, zweigeschossiges Gebäude, strikt im nordkoreanischen Stil gehalten, das nach außen von pathetischen Wandfresken verziert wird, auf denen Soldaten entweder Stellungen durchbrechen oder ihre breiten Schultern in Richtung eines imaginären Feindes wenden. Im Hintergrund die Pyramiden, die auf nordkoreanischen Wandfresken eigentlich selten sind, und riesige Kolonnen Militärfahrzeuge. Im Garten der Anlage stehen mehr als ein Dutzend Panzer, Haubitzen, Kampfjets und Panzerabwehrgeschütze aus den Fabriken der Sowjetunion. Sie alle stammen aus dem Jom-Kippur-Krieg, der die Welt 1973 erst überraschte und dann in Atem hielt. Zwar haben Ägypten und dessen Alliierter Syrien diesen Krieg ziemlich eindeutig verloren, aber weil der ägyptischen Armee zu Beginn des Krieges ein Durchbruch durch israelische Stellungen gelang, wird hier so getan, als sei ein großer, monumentaler Sieg errungen worden. Da stört es nicht, dass am Ende des Krieges israelische Truppen vor Kairo standen. In der Mitte des Gartens der Anlage wird ein kleines Schlauchboot gezeigt, auf dem ein paar bronzene Soldaten ein Wasserbecken überqueren, allein das Becken hat schon seit einiger Zeit kein Wasser mehr gefasst. Fünf oder sechs Familien haben den Feiertag ebenfalls genutzt, das recht einzigartige Museum aufzusuchen. Nun klettern ihre Kinder auf den israelischen Beutepanzern herum, bis ein Soldat erscheint und uns über eine große Marmortreppe in das Innere des Gebäudes leitet. Er führt uns in einen kleinen Kinosaal, vor dessen Leinwand eine lieblos gestaltete Modelllandschaft den Suez-Kanal zeigen soll. Die Anlage wurde zwar erst 1989 vollendet, allein das Kino sieht aus, als sei es direkt aus dem Nordkorea der 1950er Jahre nach Kairo gebeamt worden. Als das Licht ausgeht, wird ein 35mm-Film gezeigt, auf dem ägyptische Panzer durch Wüsten rollen und Kampfjets über Startbahnen rauschen. Immer wieder werden stürmende Soldaten der ägyptischen Armee gezeigt, und dann, als ob der Autor eine Metapher suchen würde, reißt der Film. Doch den Soldaten gelingt es, den uralten Film zu reparieren, und er wird, zu meinem Horror, erneut von vorn gezeigt.

Unsere Anwesenheit hat für etwas Verwunderung bei den Feiertagsausflüglern gesorgt, aber nach einer Weile haben sich die ägyptischen Familien an den etwas ungewöhnlichen Besuch zweier Europäer in dieser bizarren Installation gewöhnt. Ein Soldat in Zivilkleidung bringt uns in einen weiteren Saal, der mit schlecht gemachten Modellen von Kampfjets, Panzern und Haubitzen gefüllt ist, die in Glaskästen an der Wand aufgereiht sind. Nach einer Weile kommt der Soldat erneut und führt uns zu einer kleinen Tribüne. Vor dem Hintergrund der politischen Konflikte im Land sieht er sich genötigt, ein paar Worte zur Rolle der Armee zu verlieren. Mit einem dicken

Provinzakzent führt er aus, dass er nicht wisse, was auf dem Tahrir-Platz geschehe und worum sich die Auseinandersetzungen drehten. Überhaupt sei er gar nicht qualifiziert, politische Meinungen zu haben. Aber eines wisse er genau: Die Armee ist für die Menschen. Dass die Streitkräfte völlig unpolitisch für die Menschen stünden, ist wahrscheinlich nirgendwo so falsch wie in Ägypten, und die Ausführungen sind zu viel für eine junge Mutter zweier Kinder, die sich meldet, um ihren ägyptischen Nationalismus zu betonen und dann anzumerken, dass die Ägypter ja nicht einig seien, das Militär also nicht einfach »für die Ägypter« sein könne. Der Soldat zögert ein wenig, bevor er sich wieder fängt und einfach wiederholt, was er bereits sagte; immer eine gewiefte politische Strategie.

Schließlich führen uns die Militärs in das obere Stockwerke, wo ein riesiges, kreisrundes Diorama ägyptische Soldaten beim Durchbruch durch israelische Linien zeigt. Den israelischen Soldaten bleibt nur die demoralisierte Kapitulation, der überstürzte Rückzug oder der Tod durch die überwältigende Macht der ägyptischen Luftwaffe und Infanterie. Auch hier kein Wort von der klaren Niederlage, die Ägypten in dem Jom-Kippur-Krieg erfahren hat; aber zumindest die Kinder sind begeistert. Sie rennen durch die Reihen und wedeln mit den ägyptischen Flaggen, die ein Straßenhändler vor dem Eingang der Anlage verkauft hat, zu dem Sound eines Krieges, dessen Ausgang Ägypten schließlich zum Friedensvertrag von Camp David brachte. Das ganze Szenario erinnert mich an eine Beobachtung des amerikanischen Autors Kevin Powers: Damit eine Situation absurd sein kann, muss sie von genügend Menschen als Normalität hingenommen werden.

Vernunft kehrt zum Glück wieder ein, als wir das Gebäude verlassen und uns auf die Suche nach dem Grab von Anwar el Sadat machen, das – ohne jede Ironie – Siegesdenkmal heißt. Wen auch immer wir nach der Richtung fragen, wir ernten nur verwirrte Blicke und irritierte Nachfragen »Welcher Sieg?« Da die jüngere ägyptische Geschichte nicht gerade viele zur Auswahl stellt, lassen wir die offizielle Bezeichnung bald weg und fragen nur noch nach Anwar el Sadat. Nach einem zwanzigminütigen Fußmarsch durch die flirrende Mittagshitze gelangen wir schließlich an die Grabstätte, die unter einer stilisierten Pyramide liegt und von einer Ehrenwache letzten Glanz erhält. Eine ägyptische Familie vor uns läuft direkt zur Grabstätte, von mir verlangt ein betont gelangweilter Soldat den Ausweis. Obwohl die Ehrenwache uns mit ihrer aufrechten Haltung am Ehrenmal von der Bedeutung des historischen Erbes Ägyptens überzeugen sollte, waren die Wachen offensichtlich mit meiner Begleitung beschäftigt. Die Präsenz einer unverschleierten Europäerin hat den unausweichlichen Zusammenbruch des Formaldiensts zur Folge.

Nach einem weiteren Tag in einem unnachgiebig heißen Kairo sehnen wir uns nach einem weiteren Bier in einem kühlen Raum. Der Entwicklungszustand eines Landes kann meist an zwei Details abgelesen werden: Erst wenn ein Staat seine Visa nicht mehr von Hand ausfüllen lässt, ist er wirklich kein Schwellenland mehr. Hier zumindest kann Ägypten etwas Moderne unter Beweis stellen. Der vielleicht interessantere Indikator ist die Art und Weise, mit der sich die Bewohner der Stadt Abkühlung verschaffen. Die Häuser der Stadt befinden sich oft in einem bedauernswerten Zustand, und nur wenige Eigentümer fühlen sich für den Zustand ihrer Gebäude verantwortlich. Das liegt an dem absurden Mietrecht, das es praktisch unmöglich macht, Mietverträge zu kündigen oder die Miete zu erhöhen. Aus jedem Haus sprießen daher die kleinen Klimaanlagen, die genau einen Raum kühlen. Das gibt der ganzen Stadt den Anstrich eines Jackson-Pollock-Gemäldes. Überhaupt ist die Infrastruktur für einen Staat, der sich immerhin als Führungsmacht der arabischen Welt versteht, in einem beklagenswert schlechten Zustand. Wir folgen einer der größeren Straßen vom Tahrir-Platz nach Nordost und kommen nach ein, zwei Blöcken wieder an eine Kreuzung. Einige Demonstranten haben sich versammelt, sie stehen in einer kleinen Gruppe in der Mitte der Kreuzung, auf einem Plakat reklamieren sie die Revolution für sich und weisen damit auch die Muslimbrüder zurecht. Wir biegen einmal um die Kurve und verschwinden in einen unscheinbaren Hauseingang. Ein alter Fahrstuhl im Treppenhaus gibt dem Haus einen Pariser Charme, dafür aber wenig Vertrauen. Wir steigen die Stufen in den ersten Stock hinauf, wo ein ausgeblichenes Schild den griechischen Club Kairos ausweist. Ein frischer Computer-Ausdruck erneuert das vage Versprechen des Clubs; um sieben ist der Club noch weitestgehend leer, und auch wir sind nur hierhergekommen, weil uns die Aussicht auf ein Bier vielversprechend schien. Doch das Menü führt kein Bier auf, und für einen kurzen Moment zögern wir. Der Kellner legt ein gewinnendes Lächeln auf und versichert uns, dass es selbstverständlich Bier gebe, und kurze Zeit später bringt er zwei Stella an unseren Tisch. Das Kalkül des Clubs ist denkbar einfach: Was nicht auf der Karte steht, kann auch nie bestellt worden sein. Dennoch hat der Laden seine besten Tage hinter sich: Die Tischdecken sind speckig, die Gardinen sind seit Jahrzehnten nicht mehr gewaschen worden, und das Essen ist, passend dazu, fabelhaft. Als wir uns anschicken, die Rechnung zu zahlen, lädt der Kellner uns zum Verweilen ein: »Das Beste kommt noch.«

Das Bier danach

Rund um den Atlantik, 2010–2013

Im Sommer des Jahres 2011 lädt mich die tschechische Gesellschaft für Internationale Beziehungen aus heiterem Himmel
nach Prag ein. Ich möge, so heißt es in der Einladung, doch
bitte etwas zum Arabischen Frühling und zu dessen sicherheitspolitischen Implikationen sagen. Ich gelobe, sofort Sel-
biges zu tun und begebe mich in die tschechische Hauptstadt.
Und so laufe ich nur ein paar Tage durch die Altstadt Prags,
durch seine kleinen Alleen, die die Stadt durchziehen, laufe
über den Náměstí Míru und biege schließlich in einen kleinen Hinterhof ein, wo sich die Vertretung der Europäischen
Union behaglich eingerichtet hat. Es gibt, wie meist auf Konferenzen, schlechten Kaffee und Plundergebäck. Und dann
sitze ich vor fünfzig Zuhörern und diskutiere mit drei Kollegen, was der plötzliche Umsturz von mehreren Diktaturen
in Nordafrika und im Mittleren Osten wohl bedeuten könne.
Niemand ist sich so ganz sicher, ob der Wandel etwas Gutes
und Vielversprechendes ist oder ob wir die gerade verloren
gegangene Stabilität nicht doch vermissen werden. Ich sage,
was ich zum Arabischen Frühling immer sage: Zwischen Reform und Revolution ist es immer nur eine Gratwanderung,
weshalb das, was in der Arabischen Welt geschieht, alternativ-
los und die Stabilität unter Mubarak, Ben Ali und Konsorten

immer nur eine auf Kosten der Arabischen Welt selbst und unserer Sicherheit im Westen war. Auf solchen Konferenzen gibt es stets zwei Konstanten. Gerade in Osteuropa ist meist ein junger Nachwuchsakademiker dabei, der furchtbar aufgeregt ist, sich in der englischen Sprache verheddert und der hoch und heilig verspricht, sich kurz zu fassen und dann vom Hundertsten ins Tausendste abgleitet. Schlimmer aber ist der auf jeder Konferenz anzutreffende Konferenzgänger, der in ferner Vergangenheit mal irgendeine semi-offizielle Position innehatte oder irgendjemanden kannte, der eine solche Position besaß und nun jede Konferenz besucht, zu der er aus Versehen noch eingeladen wird, um den Rest der Welt daran zu erinnern. Der Rest der Welt hat meist die Gelegenheit versäumt, ihn zur Kenntnis zu nehmen, und verdammt wenig Interesse, das auf seine alten Tage noch zu ändern. Meist hat er eine mit Papieren vollgestopfte Tasche dabei, reißt in der Fragerunde als Erster die Arme hoch und hält dann ein umständliches Koreferat, in dem er mehrfach darauf hinweist, dass er irgendwann mal irgendjemanden gekannt hat, der irgendeine halboffizielle Stelle hatte, etwa so: »Ich habe vor vierunddreißig Jahren das Papier zur Neuausrichtung bürokratischer Vorgänge im Ministerium für Allerhand Allgemeines geschrieben, in dem ich alle Revolutionen seit 1978 richtig vorausgesagt habe.« Dann fuchtelt er meist mit Papieren herum, die lose aus seiner Aktentasche hervorquellen. In vielen Fällen präsentiert er danach halbe Verschwörungstheorien, während alle anderen Gäste ratlos in die Luft schauen, verstohlen auf das Buffet schielen oder gleich auf ihre Mobiltelefone blicken. Und auch heute wird wieder in Aktentaschen gewühlt.

Auf diese Konferenz haben sich aber auch noch Diplomaten verirrt, und die fühlen sich angesichts der vorgetragenen

Thesen genötigt, einzugreifen. Mein marokkanischer Kollege spricht gerade von dem schwierigen Verhältnis zwischen Marokko und Algerien, das seit Jahren alle Bemühungen um regionale Kooperation und Terrorismusbekämpfung lähmt, führt detailreich aus, dass der marokkanische König und der algerische Präsident nicht einmal miteinander sprechen wollen, weil sie einander abgrundtief verabscheuen, ja angeblich nicht einmal ans Telefon gehen, wenn der jeweils andere anruft. Und dann beschreibt er die Initiative Saudi-Arabiens, Jordanien und Marokko in den Golfkooperationsrat aufzunehmen, als klares Zeichen, dass sich die Regierung in Riad bemühe, die noch einigermaßen stabil wirkenden, konservativen Staaten in der Region zu stärken und so zumindest die alten Monarchien im Mittleren Osten vor der Welle der Demokratie zu schützen, die längst begonnen hat, an die Deiche der Autokratien zu klatschen. Mit all dem hatte mein marokkanischer Kollege nicht nur recht, er gibt nur wieder, was eigentlich eh alle wissen.

Dann meldet sich plötzlich eine Diplomatin der algerischen Botschaft zu Wort: »Das stimmt alles nicht, die Beziehungen Algeriens zu Marokko sind innig und herzlich.«

Nun sieht auch der Botschafter Saudi-Arabiens seine Zeit gekommen (er trug ohnehin eine Frisur, als stamme er aus der Fernsehserie Mad Men, wo ja auch ständig kompromisslose Dinge in die Welt hinausposaunt werden): »Was ist denn damit gemeint, Saudi-Arabien unterstütze nicht die Demokratie in der Region? Diese Behauptung lässt sich doch beim allerbesten Willen nicht halten.«

Mein marokkanischer Kollege und ich weisen nun darauf hin, dass wir nicht bei Alice im Wunderland sind und wir das Offensichtliche nicht dermaßen verbiegen können, dass plötzlich alle alle lieben. Trotz des allgemeinen Staunens, ist es dem Botschafter aber noch immer völlig ernst, und ich bin zufrieden, hat mir Prag doch eine weitere kafkaeske Erfahrung nicht vorenthalten.

Auf solchen Konferenzen sind aber immer noch die Kollegen, die seit vier oder fünf Jahrzehnten irgendeine Nische besetzt halten, die so unbedeutend ist, wie sie wichtig klingt. Diese Kollegen neigen leider immer zu einer besonders bizarren Mischung aus Zynismus und abgedroschenen Phrasen. Auch in Prag fehlt dieser Phänotyp eines vermeintlichen Wissenschaftlers nicht. Ali Ben-Madani lebt seit Jahrzehnten in London, lässt aber bereits vor dem ersten Panel einfließen, dass die Amerikaner eine ganz besonders schlimme und naive Politik betreiben, was leider immer das Blödeste und Naivste ist, was über Amerika gesagt werden kann. Ben-Madani gehört, wie auch der Pakistaner Ahmed Rashid, zu der Sorte Wissenschaftler, die genau und gelegentlich sogar treffend die Probleme ihrer Heimat beschreiben können, sich sogar eine allgemeine Perspektivlosigkeit zum Urteil machen können, dann aber für alles und jedes Amerika die Schuld geben. Das ist schon immer deshalb schade, weil sie so all die Zeit mit der Analyse der heimatlichen Probleme nur verschwendet haben. Auf Nachfragen, was sie nun selbst empfehlen, vielleicht gar besser machen würden, antworten sie immer besonders überzeugend: »Ich verstehe Ihre Frage nicht.«

Was würden Sie denn nun anders machen als die Europäische Union?

Ben-Madani: »Ich habe Ihre Frage nicht verstanden.«

Wie sollte die Europäische Union ihre Politik gegenüber den Staaten in Nordafrika und dem Mittleren Osten neu ausrichten, jetzt, wo der Arabische Frühling das offenbar notwendig macht?

Ben-Madani: »Die Europäische Union muss ihre Politik neu formulieren. Beantwortet das ihre Frage?«

Ja. Und das gleich auf so vielen Ebenen.

Nach solchen Reisen führt mich mein Weg stets in eine der Bockenheimer Eckkneipen, im Herzen Frankfurts. Und dort werden die intellektuellen Herausforderungen um so vieles besser verstanden. In einem bunten Wirrwarr gibt der als Historiker anstellungslos gebliebene Taxifahrer seine Meinung zur Aussprache eines x-beliebigen deutschen Fußballtrainers wieder, während hinter ihm ein Plakat aus dem Jahre 1982 die noch nie zeitgemäß gewesene Forderung »Briten raus aus Deutschland – gegen das Unrecht auf den Malvinas« zu bekräftigen versucht.

Tresengast 1 (beiläufig): »Also, der Babbel spricht ja auch dialektisch.«

Tresengast 2 (genauso und deswegen gekonnt beiläufig): »Der spricht nicht dialektisch, der spricht Dialekt.«

Tresengast 3 (spitzfindig, mit einer Note des Triumphs): »Dialektisch ist nämlich, wenn du das Bier im übertragenen Sinne bestellst.«

Frankfurt halt.

Wann immer ich solche Konferenzen hinter mir lasse, ist mir nach Erholung in einer solch bodenständigen Umgebung. Jörg Fauser hat einmal seine Sehnsucht nach dem Bier in den Frankfurter Apfelweinkneipen beschrieben, ja eigentlich gar literarisch besungen. Ein Refugium, das ihn einst aus seinem ständigen Drogendelirium steuerte. Mit Mitte dreißig habe auch ich allmählich begonnen, die Anziehungskraft der Theke zu verstehen, und das wissende Nicken des Wirtes zu schätzen gelernt, wenn er ohne Worte das richtige Bier auf den Deckel stellt. Vielleicht garniert er den Vorgang noch mit einem verschmitzten Grinsen. Hier muss ich nur noch durch die Kneipentür lugen, und schon greift der Wirt in den Kühlschrank, holt das Flensburger heraus und stellt es mit einer Miene auf den Tresen, die sagen will, es wird auch Zeit. Hier hatte ich vor Jahren meinen Liebeskummer ertränkt, ein Schicksal, das ich mit einem guten Freund teilte, und den ich seither in steter Regelmäßigkeit an den Tresen der Bockenheimer Kneipen wiedertreffe. Als wir unseren Liebeskummer erstmals gemeinsam an die Theke trugen, stürzte wie aus dem Nichts ein Alex herein und gab uns, selbstbewusst auf seine eigene Erfahrung verweisend, einen wichtigen, ja geradezu unbezahlbaren Ratschlag mit auf den Weg: »Jungs, glaubt mir. Ich bin Mitte dreißig. Da gibt es nur eines, ihr müsst drüber hinwegkommen.«

Vom Tresen führt der Weg immer mal wieder an die Ränder der Bundesrepublik. Vor der Stadthalle in Soest wird mir plötzlich klar, bei wem ich den nächsten Vortrag halte. Die Tür zum angeschlossen Restaurant geht auf, ein rüstiger Rentner steht in einem gelben Sakko und bunter Krawatte in der Tür, die Haare ordentlich zurückgelegt, am Revers des hell karierten Sakkos kleben irgendwelche Miniaturwappen, ein etwas zu kleiner Pin weist den Rentner als Träger irgendeines Bundesverdienstkreuzes aus. Der Mann ist irritiert; einen so jungen Redner wie mich haben sie hier nicht erwartet. Noch eine Stunde, bevor ich selbst an das Podium trete, kommen bereits andere, ebenso rüstige Rentner, was nur bedeuten kann, dass ich meinen Vortrag beim Reservistenverband halte, jener Truppe, die selbst von Offizieren gelegentlich als Ranzengarde geführt wird. Ihre Bäuche zeigen, dass sich ihre Gefechte inzwischen an die Tresen der Bundesrepublik verlagert haben, dort, wo Bundeskegelbahnen und Furnierholz von der eigenartigen Beständigkeit des zwanzigsten Jahrhunderts künden. In Soest ist die Stadthalle etwa so groß wie das Foyer eines mittelständischen Familienunternehmens im Fränkischen. Und auch die Ansichten mancher Zuhörer bezeugen die erstaunliche Beständigkeit des zwanzigsten Jahrhunderts. Bei nicht wenigen Zuhörern ist die Welt seither stehengeblieben. Globalisierung führt zu Krieg, und die Amerikaner sind natürlich naiv, das hat ja schon dieser Scholl-Latour gesagt, und der ist ja ohnehin so eine Mischung aus Kassandra und Nemesis, jedenfalls allwissend. In ihren Köpfen herrscht noch immer Kalter Krieg, ihre Vorstellung von den Streitkräften hat vor allem mit dem Fulda-Gap und den sowjetischen Panzerdivisionen zu tun, die dort zu jeder Tages- und Nachtzeit durch den Westen Europas zur Bretagne durchstoßen könnten. Nur der deutsche Panzergrenadier steht zwischen den Roten und dem Untergang. Ich stelle mir vor, dass nach meinem Vortrag alle dableiben, weil morgen die große Militärmusikshow der Nationen beginnt. Nach meinem Vortrag meldet sich eine Frau und will wissen, warum Demokratie im Nahen Osten eine gute Idee ist: »Vielleicht ist das ja mehr für uns, und vielleicht wollen die ja lieber in Monarchien leben. Und selbst wenn nicht, vielleicht ist das doch besser für diese Mohammedaner?«

Nein, ist es nicht. Könnten wir einen größeren Fehler machen, als jenen Raum kleinzureden, den sich junge Demokraten, Atheisten und Feministen in der arabischen Welt jeden Tag aufs Neue freikämpfen müssen? Ich zitiere dann immer Navid Kermani, der einmal schön geschrieben hat, dass es in

Deutschland die Tendenz gibt, sich mit den Arabern in der Welt zu solidarisieren, indem man sie kurzerhand für demokratieuntauglich erklärt. Auch deswegen gibt es gar keine Alternative zum Arabischen Frühling. Mit solcherlei Argument ist die Frau im Publikum aber unzufrieden, es sei, wie sie sagt, zu rational argumentiert.

Um aber die Notwendigkeit des Wandels in der Arabischen Welt noch mal zu betonen und in Zusammenhang mit der amerikanischen Außenpolitik zu setzen, muss ich in ein Tagungszentrum nach Sachsen-Anhalt: Bis jetzt hatte ich mir das Ende der Welt immer als eine Art Abgrund vorgestellt, an den man herantreten und dann in den sicheren Tod stürzen kann. Hier nun muss ich lernen, dass das Ende der Welt in Wahrheit eine Kopfsteinpflasterstraße in Sachsen-Anhalt ist. Schon von Magdeburg aus fährt nur ein kleiner Triebwagen, dann wird die Strecke plötzlich eingleisig, auf Elektrifizierung war mangels Verkehr verzichtet worden. An der Endstation hat jemand ein Schild in das Gleisbett gerammt, welches das plötzliche Ende der Strecke und aller zivilisatorischen Bemühungen verkündet, obwohl die Gleise noch bis zum Horizont weiterführen. Der Öffentliche Personennahverkehr war hier schon lange eingestellt worden, im Ort steht ein Drittel aller Häuser leer. Es geht nur mit einem Taxi weiter, das vorher zum Bahnhof bestellt werden muss und mich aus dem Raum der Mobilfunkabdeckung bringt. Auf die Straße zum Ende der Welt, einer alten preußischen Todesallee. Dabei entspinnt sich folgender Dialog mit der Taxifahrerin:

Ich (um Konversation bemüht, aber nüchtern und gleichwohl entschieden im Ton): »Ohne die Akademie könnten Sie doch auch schließen, oder?«

Taxilenkerin (selbstbewusst): »Nein, das ist für uns nur ein Zubrot.«

Ich (nunmehr neugierig): »Und wovon lebt Ihr Unternehmen?«

Taxilenkerin (nunmehr ebenso nachdrücklich): »Wir fahren vor allem die Dialyse-Patienten nach Magdeburg. Das wirft am meisten ab.«

Nach einem solchen Ausflug an das Ende der Welt wirkt selbst Frankfurt wie das Spielfeld für ein gewagtes urbanes Abenteuer. Nach langer Reise kann ich hier die Tür zur Kneipe aufreißen, worauf der Wirt mit einer Miene reagiert, die mich prompt vor die Wahl stellt: komm rein oder bleib draußen. Aber schließ die Tür zur Außenwelt. Für einen Moment mag ich gar vergessen, dass die meisten Gäste hier Anhänger der SGE Frankfurt sind und nicht Werder Bremens. Nachdem Alex uns hier geraten hatte, über den Liebeskummer einfach nur hinwegzukommen, sitzen mein Freund ich erneut zusammen und schauen den inzwischen undenkbar gewordenen Fußballklassiker Hansa Rostock gegen Hannover 96. Aus heiterem Himmel teilt uns Alex mit, was er seiner Exfreundin schreibt: »Ich bin einsam. Und du?« Wir müssen lachen. Selten hat ein so mittelmäßiges Fußballspiel einen solchen Höhepunkt geboten.

Und dann muss ich wieder in einen Intercity steigen, der wild im Gleisbett hin- und herspringend den Frankfurter Hauptbahnhof verlässt und mich erneut in den Osten der Republik fährt. Ich fahre in einen thüringischen Wahlkreis, wo der örtliche Bundestagsabgeordnete um den Erhalt eines sinnlosen Standorts der Bundeswehr kämpft und von mir Schützenhilfe erhofft. Dabei führt er leidenschaftlich ins Feld, dass die Bundeswehr hier doch ganz besonders fest in der Bevölkerung verankert sei. Das stimmt natürlich, weil das mit der Verankerung in der Gesellschaft hier einerseits einfach ist, schließlich lebt hier nur eine Handvoll Menschen, während die, die hier leben, ihr Gehalt in irgendeiner Form von der Bundeswehr beziehen. Das einzig andere florierende Unternehmen im Wahlkreis ist die private Berufsschule für Pflegeberufe. Das Dorf treibt einen geradezu irrwitzigen Strukturwandel voran, wie er fast überall in den ländlichen Regionen Ostdeutschlands zu finden ist: Überall springen Alters- und Pflegeheime aus dem Boden, während alle Menschen mit auch nur einer noch so kleinen Perspektive sich möglichst schnell aus dem Staub machen. Die Bahn hat den Bahnhof des Ortes schon vor Jahren stillgelegt, weil hier wirklich niemand aus- oder einsteigt. Das will schon etwas heißen, denn die Bahn lässt ja selbst ihre Schnellzüge in Orten wie Solingen-Ohligs oder Porta Westfalica halten. Dass der Bundestagsabgeordnete will, dass hier auch in Zukunft Bundeswehrangehörige hin- und herpendeln, ist verständlich, aber auch für einen Obergefreiten aus Bayern eine Zumutung.

Unterdessen wird am Frankfurter Tresen lautstark der letzte Spieler-Einkauf irgendwelcher Fußballmannschaften diskutiert oder der Besuch eines bislang unbekannten Gastes auf Verbindlichkeit hin abgeklopft. Und so sitze ich wieder an meinem Tresen, während auf dem Bildschirm die Bilder eines ziemlich belanglosen Tennisspiels vor sich hin flackern.

Tresengast (gelangweilt): »Ich hab keinen Bock auf Tennis. Schalt mal um, in der ARD läuft doch die Will.«

Wirt (abwehrend): »Alter, das ist eine Fußballkneipe.«

Dann schaltet der Wirt auf Eurosport, wo die Weltmeisterschaft im Snooker gezeigt wird.

Wenn die Fußballsaison sich ihrem Ende neigt und Werder Bremen entgegen meinen Erwartungen weder Pokalsieger noch Deutscher Meister geworden ist, wird die Reiselust immer besonders groß. Dem Atlantic Council of the United States gebührt daher meine Liebe und Zuneigung, denn es schickt mir im Mai 2012 eine Einladung nach Chicago, zum NATO-Gipfel. Und das wird ein ganz fabelhafter Ausflug, denn nach Chicago wollte ich sowieso immer schon mal. Bei der Einreise werde ich praktisch durchgewunken, was mir die erste angenehme Überraschung in den Vereinigten Staaten bereitet. Am Gepäckband sammeln sich amerikanische Soldaten, die wie ich auf ein paar ruhige Tage am sonnigen und windigen Lake Michigan hoffen. Am Ausgang des Flughafens spielt eine Country-Band, die die heimkehrenden Soldaten willkommen heißt. Und ein paar Meter weiter ist bereits die erste Bar, an der ich meine Kollegen treffe. Die Barfrau schießt den Soda aus einem Schlauch in den Whiskey-Tumbler. Und mit einem Whiskey lässt sich selbst die Fahrt in die Stadt aushalten.

Auch in Chicago gibt es natürlich Konferenztaschen, wie überall. Diese enthält einen zarten Gruß in Form eines riesigen Kekses, auf den in Zuckerguss das Wappen der NATO gespritzt worden ist. Ansonsten strotzt die Tasche von allerlei Süßigkeiten und Nippes. Auch Chicago ist fein herausgeputzt für den Gipfel. Irgendwo hat die Stadt einen Park eingerichtet, der an die Anwesenheit der Allianz feierlich erinnern soll, an jedem Lampenmast der Innenstadt hängen die Flaggen der Allianz, und die Polizei hat jede zweite Straßenecke besetzt. Seit ein paar Jahren ist es ein Anliegen westlicher Aktivisten, Gipfeltreffen zu stören, weil sich irgendwo die Idee etabliert hat, dass es gut für den Frieden in der Welt wäre, wenn die Regierenden der Demokratie nicht mehr miteinander reden.

Deswegen muss die Polizei auch in Chicago in der Stärke einer kleinen Armee anrücken. Die Polizisten allein können den Konferenzraum nicht weit genug absperren, also hat die Stadt ihre Schneeräumfahrzeuge in einem riesigen Perimeter um das Konferenzhotel herum aufgestellt. Das Konferenzhotel ist so weiträumig abgesperrt, dass wir fast gar nicht hinkommen. Denn nach allem muss der Bus nun die eine Straße finden, die nicht gesperrt ist. Endlich finden wir eine freie Nebenstraße, an deren Ende ein paar Zelte stehen und vor allem noch mehr Polizei, und dann schaut der Secret Service einmal in alle Taschen, und schon sind wir im Hotel. Dort heißt es aber auch gleich, dass wir nicht zu lange an den Fenstern stehen sollten, das würde die Polizei irgendwie nervös machen.

Im Konferenzhotel gibt es Kartoffelchips und frische Paprika, und zwischendurch tauchen Politiker auf, die nebenan beraten, wie es in Afghanistan weitergehen soll und wie mit viel weniger Geld, wie der Generalsekretär der NATO sagt, mehr gemacht werden kann. Er nennt das *smart defence*. Da ahnt eigentlich schon jeder, dass mit weniger Ressourcen wohl weniger gemacht werden wird. Herman Van Rompuy kommt auf die Bühne und gibt den mit Abstand absurdesten Beitrag wieder, den ich bislang gehört habe. Immerhin stehen mehrere europäische Staaten vor dem Bankrott, aber nach zwanzig Minuten wird deutlich, dass Van Rompuy in einem fast nordkoreanischen Paralleluniversum lebt. Er streitet jede Krise in Europa komplett ab und wirbt dann für das bürokratische Monstrum Europäische Union mit den Worten: »Wir sind sexy, aber wir vergessen es.« Wer könnte diese Botschaft besser verkünden als Herman Van Rompuy.

Michael Saakaschwili sucht die Bühne und findet sie prompt. Saakaschwili ist nicht nur der Präsident Georgiens, sondern auch um vieles smarter, weltgewandter und besser in Englisch als seine Kollegen aus der Bürokratie der Europäischen Union. Saakaschwili hat ein paar warme Worte für uns. Gerade erklärt er, dass wir keinem Politiker trauen sollen, der von seiner Erfahrung spricht. Erfahrung sei nur ein anderer Begriff für Sturheit und mangelnde Flexibilität. Und auch hier fragen wir uns ganz unwillkürlich, wer diese Botschaft besser verkörperten konnte als ausgerechnet Saakaschwili.

Dann kommt Rahm Emanuel, der Bürgermeister Chicagos, und alle wissen, dass es jetzt lustig wird. Emanuel ist einer der Hoffnungsträger der Demokratischen Partei und bekannt für eine lose Zunge. Nicht wenige Beobachter nehmen an, dass er irgendwann für das Weiße Haus kandidieren will. Emanuel hat nicht viel Zeit, was er am Ende so begründet: »Versteht mich nicht falsch, ich liebe euch. Aber ich liebe euch nicht mehr als mein Yoga.«

Dank

Nur ein Buch, in dem ordentlich gedankt wird, kann dem Autor die Illusion lassen, wirklich fertig geworden zu sein. Und im Ernst, ich hatte Zweifel daran, dass es jemals fertig werden würde. Ich danke für dauerhafte Inspiration Patrick Keller, der die eine oder andere Reise, die in diesem Buch Beschreibung findet, möglich gemacht und begleitet hat und der sich in mehr als einer Hinsicht als wahrer Gefährte auf den Streifzügen der Geschichte bewährt hat. Ebenso danke ich Stefan Hofmann, Babak Khalatbari, Anne Eberhard und einer ganzen Reihe anderer Freunde, die dieses Buch entweder möglich gemacht oder gar gelesen und an den richtigen Stellen verrissen haben, sich aber stets Mühe gaben, mich dabei angemessen hochleben zu lassen. Dank gilt meiner Lektorin bei btb, Sarah Leibl, ohne die all das ohnehin nie ein Buch geworden wäre. Mein besonderer Dank gilt auch dem Hessischen Ministerium für Wissenschaft und Kultur, das die Fertigstellung des Manuskripts finanziell unterstützt hat. Ebenso danke ich der Konrad-Adenauer-Stiftung, die, von diesem Projekt nichts wissend noch ahnend, die eine oder andere Reise organisiert und in aller Regel mehr erwartet hat als eine nur teilnehmende Beobachtung. Ihre Auslandsmitarbeiter haben mich stets wie einen Staatsgast behandelt, mir damit sicher manchen Ärger erspart und mich oft genug auch noch dafür bezahlt. Ich hoffe, es ist dem Buch anzumerken, dass ich diese Reisen stets genoss und dabei mehr hängen blieb als ein Kater. Tatsächlich habe ich die Arbeit der Adenauer-Stiftung im Ausland erst recht schätzen gelernt, wo sie mit geringen Mitteln junge Demokraten und frische Medien fördert, für eine pluralistische Gesellschaft kämpft und dabei Risiken eingeht, die mir Respekt abverlangen. Ihre Mitarbeiter haben mir jene politischen Einsichten erlaubt, die dieses Buch erst möglich gemacht haben, und mich dabei oft genug noch zum Essen eingeladen. Ihnen allen der Dank, mir nun das Honorar.

Alle Damen, denen ich einen Drink an der Bar spendiert habe, danken sicher ebenso herzlich, auch dafür, dass ich häufig genug wieder aufgelesen wurde, bevor es peinlich wurde. Oder zumindest kurz nachdem es begann peinlich zu werden. Nicole, Anja, Ivonne, Sonja, Aida und Anne-Yolande sei gesagt, dass ich noch immer auf einen Anruf warte oder irgendeinen anderen Ausdruck jahrelang unterdrückter Sehnsucht. Ich bin bereit, mich zu einer theatralischen Geste hinreißen zu lassen und das viel zu lange Warten nach hinreißender Abbitte und ausschweifenden Versprechungen zu verzeihen.

Glossar

Abchasien: Seit dem Georgien-Krieg 2008 ist die Region ein de facto selbstständiges Land im Nordwesten Georgiens, das bislang nur von Russland und einem halben Dutzend Staaten anerkannt worden ist.

Alijew, Heydar: Heydar Alijew war aserbaidschanischer Politiker, der bereits in der Sowjetunion schnell aufstieg. Er war stellvertretender Ministerpräsident der Sowjetunion und nach deren Zerfall von 1993 bis 2003 Präsident Aserbaidschans.

Alijew, Ilham: Ilham Alijew ist der Sohn Heydar Alijews und beerbte diesen 2003 auch im Amt des aserbaidschanischen Präsidenten.

Atakpamé: Atakpamé ist eine Stadt in der zweitsüdlichsten Provinz Togos. Die genaue Einwohnerzahl ist unbekannt, wird aber zwischen 80.000 und 100.000 liegen.

Atlantic Council of the United States (ACUS): Das ACUS ist ein sogenannter Think Tank in den Vereinigten Staaten, der sich inzwischen vor allem mit Fragen der internationalen Außen- und Sicherheitspolitik beschäftigt. Der Think Tank gehört zu den einflussreicheren Denkfabriken in den USA und ist mit vielen wichtigen amerikanischen Politikern eng verbunden. Der gegenwärtige Verteidigungsminister Chuck Hagel war vor Amtsantritt Vorsitzender des Atlantic Council.

Bauxit: Bauxit ist ein Erz, das vor allem in der Aluminiumproduktion Verwendung findet.

Ben Ali, Zine el-Abidine: Ben Ali regierte zwischen 1987 und 2011 Tunesien. Auch er kam durch einen Staatsstreich an die Macht, in dem er vom Premierminister zum Präsidenten aufstieg. Sein Regime war das erste, das durch den Arabischen Frühling zu Fall gebracht wurde.

Bin Laden, Osama: bin Laden war saudischer Staatsbürger und Terrorist. Er war Anführer und Gründer der Terrororganisation al-Qaeda, die für die Anschläge vom 11. September 2001 verantwortlich war. Er starb 2011 im pakistanischen Abottabad.

Blockfreienbewegung: Die Bewegung der blockfreien Staaten (im Englischen das Non-Aligned Movement) war vor allem zu Beginn ein loser Zusammenschluss von Staaten, die ihrer eigenen Beschreibung nach keinem der wesentlichen Machtzentren nahestanden. Sie ist eine Reaktion auf die Polarisation der internationalen Politik durch den Kalten Krieg und beschreibt das Ansinnen von Staaten, sich der Systemauseinandersetzung zu entziehen, und ging 1955 aus einem Gipfel von afrikanischen und asiatischen Staaten im indonesischen Bandung hervor. Als Organisation wurde sie erst 1961 im damaligen Jugoslawien gegründet.

Burj Khalifa: Sinnlos großes Hochhaus in Dubai, in den Vereinigten Arabischen Emiraten, das mit mehr als 800 Metern das höchste Gebäude der Welt ist.

Central Intelligence Agency (CIA): Amerikanischer Auslandsnachrichtendienst.

Comité de l'Unité Togolaise (CUT): Die CUT (zu Deutsch das Komitee für die Einheit Togos) ist eine togolesische Partei, die 1941 von Sylvanus Olympio gegründet wurde.

Dalai Lama: Der Dalai Lama ist das Oberhaupt der tibetischen Buddhisten. Der gegenwärtige Dalai Lama ist Tendzin Gyatsho, der bis 2011 auch die tibetische Regierung geführt hat, von der er sich zurückzog, um sich auf die Rolle als geistiger Führer der Tibeter zu konzentrieren.

Eingefrorener Konflikt: Als eingefrorene Konflikte werden Konflikte bezeichnet, deren Ursache nicht beseitigt und die nicht beigelegt sind, allerdings nicht mehr oder zumindest vorübergehend nicht offen geführt werden.

Emanuel, Rahm: Rahm Emanuel ist Bürgermeister Chicagos. Er war zuvor Stabschef des gegenwärtigen Präsidenten Barack Obama und gilt als besonders einflussreicher Politiker der Demokratischen Partei. Es halten sich hartnäckig Gerüchte, dass die Figur Joshua Lymans in der Fernsehserie »The West Wing« eigentlich eine Hommage an Rahm Emanuel ist.

Europarat: Der Europarat ist eine internationale Organisation, die der wirtschaftlichen und sozialen Zusammenarbeit in Europa dient. Auch wenn der Europarat die europäische Fahne trägt, ist er von der Europäischen Union unabhängig. Das wird auch an den Mitgliedern deutlich. Im Gegensatz zur Europäischen Union sind im Europarat auch Russland, die kaukasischen Staaten und die Türkei Mitglied.

European Union Monitoring Mission in Georgia (EUMM):
Die EUMM ist eine Beobachtermission im Rahmen der Europäischen Sicherheits- und Verteidigungspolitik (ESVP), die den Waffenstillstand zwischen Russland und Georgien nach dem Ende des Georgien-Krieges 2008 überwachen soll.

Ewe: Ethnische Bevölkerungsgruppe, die insbesondere in Ghana und Togo lebt. In Togo stellen sie die relative Bevölkerungsmehrheit.

Falun Gong: Falun Gong ist eine junge Religion aus China, die ihre Wurzeln in der Meditationskultur Chigong hat und in der Volksrepublik China verboten ist.

Faure Gnassingbé: Aktueller Staatschef Togos, Sohn des ehemaligen, aber 2005 verstorbenen togolesischen Präsidenten Gnassingbé Eyadéma.

Foreign Affairs: Wohl die einflussreichste Zeitschrift in der Außen- und Sicherheitspolitik. Insbesondere neue Strategien in der amerikanischen Außenpolitik werden dort zuerst vorgestellt.

G2: Das Konzept der G2 ist eine Anspielung auf die Gruppe der größten Wirtschaftsmächte der Welt, die regelmäßig in Form der G7, G8 oder G77 zusammenkommen. Mit der G2 sind die Vereinigten Staaten und die Volksrepublik China gemeint, die auf das Wirtschaftswachstum der Welt einen überproportionalen Einfluss haben.

Gemeinschaft Unabhängiger Staaten (GUS): Die GUS ist eine internationale Organisation, der vor allem Staaten der ehemaligen Sowjetunion angehören. Sie ist heute weitgehend bedeutungslos.

Gnassingbé Eyadéma: Geboren als Étienne Eyadéma. Gnassingbé war Staatschef Togos und verstarb 2005. Er kam 1967 an die Macht und war einer der am längsten dienenden Staatschefs Afrikas.

Goethe-Institut: Das Goethe-Institut ist eine kulturelle Institution, die im In- und Ausland Deutschkurse anbietet und Kulturarbeit macht. Das Goethe-Institut ist das vielleicht wichtigste Instrument der auswärtigen Kulturpolitik Deutschlands und wird weitgehend durch das Auswärtige Amt getragen.

Grunitzky, Nicolas: Nicolas Grunitzky wurde dank eines Staatsstreichs des togolesischen Militärs im Januar 1963 Präsident Togos. Durch einen weiteren Staatsstreich wurde er 1967 wieder abgesetzt. Grunitzky floh in die Elfenbeinküste und verstarb schließlich 1969 in Paris.

Heritage-Foundation: Die Heritage-Stiftung ist ein Think Tank in den Vereinigten Staaten, der als konservativ gilt.

Ho Chi Minh: Ho Chi Minh war vietnamesischer Politiker und führte seit 1941 die vietnamesische Unabhängigkeitsbewegung und schuf dazu die Viet Minh, die gegen die japanische Besatzung und die französische Kolonialherrschaft kämpften. Später führte er sie im ersten Indochinakrieg gegen Frankreich und im Vietnamkrieg gegen Südvietnam. Ho Chi Minh war Vorsitzender des Zentralkomitees der Kommunistischen Partei Vietnams und zwischen 1945 und 1969 Präsident Vietnams. Er verstarb 1969.

Innere Führung: Die Innere Führung ist ein Führungskonzept der Bundeswehr, das den Staatsbürger in Uniform als Kern der deutschen Streitkräfte herausstellt. Der Soldat soll damit nicht einfach einer Befehlskette unterstellt werden, sondern als selbstständiger und moralisch urteilender Bürger in der Bundeswehr dienen.

Inter-Services Intelligence: Pakistanischer Nachrichtendienst.

Karl Marx: Karl Marx war deutscher Philosoph und Ökonom. Er ist Autor des »Kommunistischen Manifests« und des »Kapital«.

Karl-Marx-Stadt: heute Chemnitz, früher Kulminationspunkt und Symbol ostdeutscher Hoffnungslosigkeit.

Karzai, Hamid: Der Paschtune Hamid Karzai ist seit Dezember 2001 Präsident Afghanistans. Ursprünglich von vielen als Hoffnungsträger gehandelt, gilt der, gelegentlich als »Bürgermeister von Kabul« bekannte, Politiker inzwischen als Hindernis bei der Befriedung des Landes. 2014 wird sein Nachfolger gewählt.

Kaukasus: Als Kaukasus wird die Region zwischen Kaspischem und Schwarzem Meer bezeichnet. Zur Region werden Georgien, Armenien und Aserbaidschan gezählt, aber auch Teile Russlands und der Türkei liegen in dieser Region.

Kommunistische Partei Chinas: Die Kommunistische Partei Chinas wurde 1921 in Shanghai gegründet und ist de facto die einzige Partei in der Volksrepublik China.

Mittelabfluss, geregelter: Der planmäßige Abfluss von Entwicklungshilfegeldern durch Projekte der deutschen Entwicklungshilfeagenturen wird gerne als »geregelter Mittelabfluss« umschrieben. Gemeint ist damit, dass einmal im Haushalt veranschlagte Mittel auch ausgegeben werden müssen.

Mossad: israelischer Auslandsnachrichtendienst.

Mubarak, Hosni: Hosni Mubarak wurde nach der Ermordung des ägyptischen Präsidenten Anwar el Sadat dessen Nachfolger. Er war zuvor Offizier in der ägyptischen Luftwaffe, die er zwischen 1972 und 1975 kommandierte, bevor er zum Vizepräsidenten Ägyptens ernannt wurde. Er regierte von 1981 bis 2011, als er im Zuge des arabischen Frühlings stürzte.

Musharraf, Pervez: Pervez Musharraf begann seine Karriere als Berufsoffizier. Er war von 1998 an Vorsitzender der gemeinsamen Stabschefs der pakistanischen Streitkräfte und putschte sich 1999 an die Macht und war von Juni 2001 bis August 2008 Präsident Pakistans. »In the Line of Fire« ist seine unfreiwillig komische Autobiographie.

Nagorny-Bergkarabach: Nagorny-Bergkarabach ist eine Region zwischen Armenien und Aserbaidschan, die offiziell zu Aserbaidschan gehört. Allerdings wurde die Region von Armenien im Rahmen des armenisch-aserbaidschanischen Krieges besetzt und bildet heute die Republik Bergkarabach.

NATO-Partnerschaften: Die NATO unterhält eine Reihe bilateraler Partnerschaften, die die militärische Zusammenarbeit zwischen der Allianz und Staaten außerhalb der Allianz verbessern soll. Zu diesen Partnerschaften gehört vor allem die Partnerschaft für den Frieden.

Nordossetien: Ist eine zu Russland gehörende Provinz im Nordkaukasus. Es liegt nördlich der zu Georgien gehörenden Provinz Südossetien, die allerdings von Russland als eigenständiger Staat anerkannt wird.

North Atlantic Treaty Organisation (NATO): Die NATO ist ein militärisches Verteidigungsbündnis, das durch den Nordatlantikvertrag von 1949 gegründet wurde. 1955 trat die Bundesrepublik Deutschland dem Bündnis bei. Die NATO hatte im Kalten Krieg die Aufgabe, Europa vor einer Invasion des Warschauer Paktes zu schützen. Der sogenannte Bündnisfall wurde allerdings in der Geschichte der Allianz nur ein einziges Mal aktiviert: nach den Anschlägen vom 11. September 2001 in New York und Washington. Die Allianz umfasst inzwischen 28 Mitglieder.

Olympio, Sylvanus: Sylvanus Olympio war nach der Unabhängigkeit Togos von Frankreich der erste Staatschef der kleinen, westafrikanischen Küstennation. Er starb im Laufe des ersten Staatsstreiches in Togo im Januar 1963.

Organisation für Sicherheit und Zusammenarbeit in Europa (OSZE): Die OSZE ist 1995 aus der Konferenz für Sicherheit und Zusammenarbeit in Europa (KSZE) hervorgegangen. Der Organisation gehören praktisch alle europäischen und nordatlantischen Staaten an, unabhängig von ihrer politischen Ausrichtung. Die KSZE war gerade in der zweiten Hälfte des Kalten Krieges bedeutsam, in der sie vor allem für die Konsolidierung von menschenrechtlichen Normen im ehemaligen Ostblock verantwortlich war.

Paschtunen: Die Paschtunen sind ein Volk, das in weiten Teilen Afghanistans und Pakistans lebt. Ihr Siedlungsgebiet wird durch die sogenannte Durand-Linie getrennt, die weitgehend als Grenze Pakistans zu Afghanistan verstanden wird. Afghanistan erkennt diese jedoch nicht an.

Phosphor: Phosphor ist ein Element, das für eine Reihe von Produkten genutzt wird, unter anderem in Dünger und Trockenmitteln.

Reza, Yasmina: Yasmina Reza ist eine französische Dramatikerin und Autorin. Ihre Theaterstücke »Kunst« und »Drei mal Leben« haben sie zu einer der meistgespielten Dramaturginnen überhaupt gemacht. Allerdings ist ihr bestes Buch eine subjektive Reportage zum Wahlkampf des ehemaligen französischen Präsidenten Nicolas Sarkozy mit dem Titel »Frühmorgens, abends oder nachts«.

Rushdie, Salman: Salman Rushdie ist ein indisch-britischer Autor. Rushdie erlangte mit der Publikation der »Satanischen Verse« besondere Berühmtheit. Der damalige iranische Revolutionsführer Ajatollah Khomeini veröffentlichte 1989, ein Jahr nach Erscheinen des Buches, eine Fatwa, in der er jeden Moslem aufforderte, Rushdie wegen Blasphemie zu töten.

Saakaschwili, Michael: Ist ein sehr pro-westlicher georgischer Politiker, der nach der Rosenrevolution an die Macht kam und zweimal zum Präsidenten gewählt wurde. 2012 verlor seine Partei die Mehrheit in der Parlamentswahl.

Schewardnaze, Eduard: In der Endphase der Sowjetunion war Schewardnaze noch Außenminister, nach der Auflösung der Sowjetunion 1991 ging er zurück nach Georgien, das zu einem eigenständigen Staat wurde. 1995 wurde er Präsident Georgiens, bis er 2003 im Rahmen der Rosenrevolution abgelöst wurde.

Sechs-Parteien-Gespräche: Die Sechs-Parteien-Gespräche sind ein diplomatisches Forum, das zur Beilegung des Konfliktes um das nordkoreanische Nuklearprogramm und nordkoreanische Atomwaffen dienen soll. Neben Nordkorea sind Südkorea, die Volksrepublik China, Japan, Russland und die Vereinigten Staaten an den Gesprächen beteiligt, die allerdings bislang keinen Durchbruch erzielt haben.

Shin Bet: israelischer Inlandsnachrichtendienst.

Spiegel-Affäre: Die Spiegel-Affäre war eine politische Affäre in der Bundesrepublik Deutschland im Jahre 1962. Sie wurde ausgelöst durch einen Artikel des Nachrichtenmagazins *Spiegel* mit dem Titel »Bedingt abwehrbereit«, der Zweifel an der Fähigkeit der Bundeswehr nährte, Deutschland gegen einen konventionellen Angriff des Warschauer Paktes verteidigen zu können. Im Verlaufe der Affäre wurde unter anderem der Herausgeber des *Spiegel*, Rudolf Augstein, verhaftet. Die Reaktion von Justiz und Politik auf die Veröffentlichung wurde als weit überzogen wahrgenommen, und die Affäre stärkte letztlich die Pressefreiheit in der Bundesrepublik.

Südossetien: Südossetien ist ein Miniaturstaat, der offiziell zu Georgien gehört, aber seit dem Georgien-Krieg 2008 de facto

Unabhängigkeit genießt und bislang nur von Russland, Nicaragua, Nauru und Venezuela anerkannt worden ist.

Taiwan: Taiwan, das sich offiziell Republik China nennt, ist ein Staat vor der Küste der Volksrepublik China, der von der Volksrepublik als Teil Chinas gesehen wird. Als de facto eigenständiger Staat entstand Taiwan durch den chinesischen Bürgerkrieg, den die Kommunisten unter Mao Zedong zwar gewannen, in dessen Verlauf sich die chinesischen Nationalisten unter der Führung Chiang Kai-sheks aber auf die Insel zurückzogen und dort weiter regieren konnten. Da die Volksrepublik der deutlich größere Staat ist, begannen mehr und mehr Staaten die Volksrepublik als das eigentliche China anzuerkennen, seit 1971 betrachten auch die Vereinten Nationen die Volksrepublik als das eigentliche China. Nur noch wenige Staaten unterhalten offizielle Beziehungen mit Taiwan.

Taliban: Die Taliban sind eine Miliz, die sich 1994 in Afghanistan formierte und dort 1996 an die Macht gelangte und das Land fundamentalistisch regierte. Sie wurden im Verlaufe des Afghanistan-Krieges nach 2001 zunächst gestürzt und formierten sich dann mit Hilfe Pakistans immer wieder neu. Heute sind die Taliban eigentlich ein loses Netzwerk verschiedener alliierter Milizen, darunter das besonders fundamentalistische Haqqani-Netzwerk, das vor allem von Pakistan aus operiert.

Tibet: Tibet ist eine Region nordöstlich des Himalayas und eine Provinz der Volksrepublik China. Tibet wurde 1950 vollständig in die Volksrepublik integriert, obwohl es vorher Autonomie genoss. Unter der Führung des Dalai Lama wurde eine in Indien ansässige Exilregierung eingerichtet.

Tuareg: Die Tuareg sind ein als Nomaden lebendes Volk in der Sahelzone, deren Mehrheit in Niger und Mali lebt.

United Nations Oberserver Mission in Georgia (UNOMIG): Die UNOMIG war eine Beobachtermission der Vereinten Nationen, die das Waffenstillstandsabkommen zwischen Georgien auf der einen Seite und der Regierung in Abchasien und mit ihnen verbundenen Friedenstruppen der Gemeinschaft Unabhängiger Staaten (GUS) auf der anderen Seite. Nach dem georgisch-russischen Krieg 2008 hing der Fortbestand der Beobachtermission zunächst in der Schwebe, durch die russische Weigerung, das Mandat der Mission durch den Sicherheitsrat der Vereinten Nationen verlängern zu lassen, musste sie im Juni 2009 ihre Tätigkeit einstellen.

Urumqi: Urumqi (auch Ürümpi) ist die Hauptstadt der chinesischen Provinz Xinjiang im Nordwesten der Volksrepublik China. Ein großer Teil der Bevölkerung ist muslimisch, zudem ist die Provinz Heimat der Uiguren, die in der Provinz allerdings eine Minderheit bilden. 2009 war die Stadt Schauplatz ethnischer Zusammenstöße, die mindestens 200 Tote gefordert haben.

Van Rompuy, Herman: Herman van Rompuy war von Dezember 2008 bis November 2009 Regierungschef Belgiens. Seit dem 1. Dezember 2009 ist er der erste ständige Präsident des Europäischen Rats, dem wichtigsten beschlussfassenden Gremium der Europäischen Union. Van Rompuy gilt allerdings als farb- und leblos.

Wehrbeauftragter des Deutschen Bundestags: Der Wehrbeauftragte des Deutschen Bundestags ist eine Institution des

Parlaments, das unter anderem der demokratischen Kontrolle der Bundeswehr dient. Er ist gewissermaßen der parlamentarische Anwalt der deutschen Soldaten, und jeder Angehörige der Bundeswehr hat unabhängig seines eigenen Dienstgrads jederzeit das Recht, sich an den Wehrbeauftragten des Deutschen Bundestags zu wenden.

Weltbank: Die Weltbank wurde 1944 gegründet und ist seit Gründung der Vereinten Nationen eine ihrer Sonderorganisationen. Seit den 1960er Jahren zählt die Bekämpfung der Armut zu ihren wesentlichen Aufgaben.

Weltverband der Uiguren: Ist eine 2004 gegründete Dachorganisation der Uiguren, einer ethnischen Minderheit im Westen Chinas. Der Dachverband bringt die bis dato losen und unkoordinierten Aktivitäten zahlreicher uigurischer Exilorganisationen zusammen.

Yunus, Leyla: Leyla Yunus ist Präsidentin des Instituts für Frieden und Demokratie, das sie selbst in Aserbaidschan gegründet hat. Vor allem aber ist sie für ihren Widerstand gegen Zwangsräumungen in der aserbaidschanischen Hauptstadt Baku bekannt geworden und gilt als eine der profiliertesten Bürgerrechtlerinnen Aserbaidschans.

Zakheim, Dov: Dov Zakheim war einer der frühen Berater George W. Bushs, bevor dieser 2000 zum Präsidenten der Vereinigten Staaten gewählt wurde. In der Bush-Regierung war er Staatssekretär im Verteidigungsministerium und für die Rechnungsprüfung im Pentagon zuständig.